Herderbücherei

Band 1202

Über das Buch

Daß das Leben nach dem Tode nicht endet, ist eine Überzeugung, die allen großen Weltreligionen gemeinsam ist. Doch sehr unterschiedlich sind die Vorstellungen vom Leben im Jenseits. So sehen die Buddhisten sich eingebunden in den Kreislauf der Wiederkehr, die Muslime dagegen erwarten ein Paradies, in das die Gläubigen zur ewigen Freude eingehen. Hinter solchen Differenzen tauchen unterschiedliche weltanschauliche Grundüberzeugungen auf, die sich auch in Kunst und Dichtung ausprägen. Im Spiegel der Jenseitsvorstellungen kann man besonders deutlich erkennen, was im Islam und im Judentum, im Hinduismus und Buddhismus und – im Vergleich dazu – im Christentum geglaubt wird.

Weiterleben – nach dem Tode?

Die Antwort der Weltreligionen

Herausgegeben von
Adel Th. Khoury
und Peter Hünermann

Herderbücherei

Originalausgabe
erstmals veröffentlicht als Herder-Taschenbuch

Herder Freiburg · Basel · Wien
Herstellung: Freiburger Graphische Betriebe 1985
ISBN 3-451-08202-0

Inhalt

Einleitung

In ihrem Gedicht „Reklame" hat Ingeborg Bachmann in eindringlicher Weise die Fragen des heutigen Menschen nach seiner Endbestimmung gefaßt. Zugleich bringt sie in der Form des Gedichtes die wesentliche Gefährdung des modernen Menschen zum Ausdruck. Eine um die andere Zeile wechseln das nachbohrende Fragen und die beschwichtigende, zerstreuende Einrede, die den Menschen im vordergründigen, gedankenlosen Genießen des Lebens festhalten will.

REKLAME

Wohin aber gehen wir
ohne Sorge, sei ohne Sorge
Wenn es dunkel und wenn es kalt wird
sei ohne Sorge
aber
mit Musik
was sollen wir tun
heiter und mit Musik
und denken
heiter
angesichts eines Endes
mit Musik
und wohin tragen wir
am besten
unsere Fragen und den Schauer aller Jahre
in die Traumwäscherei ohne Sorge sei ohne Sorge
was aber geschieht
am besten
wenn Totenstille eintritt

Liest man die Fragen, so zeigt sich eine dreifache Steigerung. Sie ist jeweils bestimmt von dem großen „Aber" gegenüber umtriebiger Selbstverständlichkeit und Schönfärberei.

Wohin aber gehen wir, wenn es dunkel und wenn es kalt wird? Wo geht der Mensch hin, wenn das unmittelbar scheinende Licht, in welchem er sich bewegt, plötzlich erlischt? Wohin führt sein Weg, wenn es kalt wird? Wenn jene schmale, begrenzte Wärmeinsel, auf der wir allein existieren können, plötzlich zu erkalten beginnt? Die so gestellte Frage offenbart die Fraglichkeit des Menschen selbst. Wohin gehen *wir*? Die Endlichkeit, das nur auf Zeit gewährte Licht, die schwindende Wärme entziehen ihm jedes Ziel, auf das er sich endgültig hin entwerfen könnte.

Die zweite Frage thematisiert dasselbe, aber gleichsam in vertiefter, verinnerlichter Form: Was sollen wir tun und denken angesichts eines Endes? Das Ende blickt jeden Menschen an. Jeder ist sterblich. Wir Menschen leben angesichts des Endes. Wir verfügen nicht darüber. Es ist ein Ende, das uns alles aus der Hand nimmt. All unser Tun und Denken ist bestimmt von dieser Uneinholbarkeit und Unverfüglichkeit des Endes. So geschieht unser Tun und Denken in eine unabschließbare Offenheit und Fraglichkeit hinein.

Daraus ergibt sich die dritte große Frage: Wohin tragen wir unsere Fragen und den Schauer aller Jahre? Der Mensch lebt in Welt und Geschichte. Sie bilden den Inhalt seines Tuns und Denkens. So aber ist von diesem unergründlichen Ende her alles durchstimmt. Die Jahre des Lebens durchzieht der Schauer. Wohin tragen die Menschen die Wirklichkeit, welche sie fragen und erschauern läßt?

Den Beschluß dieser drei sich steigernden Fragen bildet eine vierte Frage, die eine eigentümlich abweichende Struktur aufweist. War in den ersten drei Fragen das Subjekt der Mensch. Wurde gefragt: Was tun wir?, so lautet die Frage jetzt: Was aber geschieht, wenn Totenstille eintritt? Menschliches Tun und Fragen erweist sich als umfangen von einem namenlosen Geschehen, das eintritt und das nur noch durch das Wort Totenstille, Verstummen der Sprache, Verhallen des Fragens charakterisiert werden kann.

Die beschwichtigenden Einreden: Ohne Sorge, sei ohne Sorge – heiter und mit Musik – in die Traumwäscherei, ohne Sorge, sei ohne Sorge, kennzeichnen die Anfechtung des Menschen heute. Sie zeigen aber auch, daß die tausendfache Beschwichtigung, welche den Menschen vom grundlegenden Fragen abziehen will, in die Entfremdung, in die Illusion führt.

Das Gedicht charakterisiert das Fragen des wahrhaftig lebenden Menschen. Die im folgenden in diesem Band vorgelegten religiösen Antworten aus der großen Tradition der Menschheit, weisen einen sehr unterschiedlichen Charakter auf. Ihre Glaubwürdigkeit kann nicht darin liegen, daß sie – wie die beschwichtigenden Einreden des Gedichtes – den Menschen beruhigen oder gar betäuben. Das Kriterium ihrer Wahrheit wird darin liegen, daß sie die Schonungslosigkeit und Wahrheit des Fragens zulassen und gerade dem so gebeutelten Menschen das Wort zu sagen vermögen, das Wort, das seine Fraglichkeit stillt. Zu dieser Unterscheidung ist der Leser aufgerufen.

Peter Hünermann

KONRAD MEISIG

Hinduistische Vorstellungen vom Leben nach dem Tode

Einleitung

Religion läßt sich beschreiben als das Streben nach Heil. Mag dieses Heil auch „mehr sinnlich oder geistlich, mehr zeitlich oder ewig" (Bertholet) gedacht sein, Voraussetzung für das Streben nach Heil ist jedenfalls die Weigerung, sich mit dem mangelhaften Diesseits, seiner Flüchtigkeit und Vergänglichkeit, abzufinden. Wesentlicher Bestandteil von Religion bleibt das Streben nach einem jenseitigen Heil, und das bedeutet den Versuch, den Tod zu überwinden.

In der Entwicklung von den ursprünglichen Religionen hin zu den Hochreligionen wird die Grenze zwischen Leben und Tod, zwischen Diesseits und Jenseits, immer undurchlässiger. Anfangs wähnte man – nicht nur in Indien – die Abgeschiedenen noch in der Nähe gegenwärtig und pflegte regen Verkehr mit ihnen. Das Leben nach dem Tode wurde schlicht als Fortsetzung des diesseitigen Lebens, bestenfalls als Zustandsänderung, aufgefaßt. Allmählich aber kommen Vorstellungen eines weit entfernten Totenreiches auf; parallel dazu denkt man sich das Leben im Jenseits als immer weniger dem diesseitigen Leben ähnlich. Die Spekulationen werden immer blutleerer, weniger anschaulich, immer geistiger, abstrakter. In Indien spannt sich dieser Gedankenbogen etwa von den vedischen Totengespenstern, die noch ein Jahr lang nach dem Tode in der Nachbarschaft der menschlichen Behausungen dem Menschen gefährlich werden können, bis hin zu der vedantischen Individualseele, die sich als mit der Allseele identisch begreift und für die alles frühere Dasein unwiderruflich zum bloßen Schein geworden ist.

Übrigens hat es auch in Indien, wie überall, Jenseitsleugner gegeben. Die Lage der literarischen Überlieferung brachte es aber mit sich, daß ihre Lehren nur bruchstückhaft und obendrein in den Polemiken ihrer religiösen Gegner überliefert worden sind. Als Beispiel sei hier die Ansicht eines altindischen Materialisten, der etwa im sechsten Jahrhundert v. Chr. lebte, angeführt, wie sie von den Buddhisten und – so darf man annehmen – auch von den Hindus als Ketzerei abgelehnt wird:

„Der Mensch ist einfach eine Zusammensetzung aus den vier Elementen; wenn er stirbt, geht Erde wieder zur Erde, Wasser zum Wasser, Feuer zum Feuer, Luft zur Luft, der Sinnenapparat in den Raum. Zu fünft ziehen sie, vier Männer und eine Bahre, mit dem Leichnam ab, bis zum Verbrennungsplatze unterhalten sich die Träger über den Toten. Dann sind nur noch bleiche Knochen übrig, und in der Asche enden seine Opferdarbringungen. Nur von Toren wird Freigebigkeit gepredigt. Die führen ein leeres, falsches Gerede, die von etwas Seiendem reden. Toren wie Weise werden mit dem körperlichen Ende vernichtet, vergehen und sind nicht mehr nach dem Tode" (Dighanikaya I 55, Übersetzung Franke).

Doch dieses Beispiel einer altindischen Leugnung des Lebens nach dem Tode sei lediglich zur Kontrastierung vorausgeschickt. Es geht hier um hinduistische Vorstellungen vom Leben nach dem Tode, und die sind so mannigfaltig wie die religiösen Strömungen innerhalb des Hinduismus selbst. Der Hinduismus ist ja bekanntlich keine einheitliche Religion, er ist vielmehr ein verschlungenes Bündel zum Teil heterogener Vorstellungen und Praktiken, deren einzige Gemeinsamkeit eigentlich nur darin besteht, daß sie sich auf dem südindischen Subkontinent herausgebildet haben und somit innerhalb einer gemeinsamen, wenn auch vielschichtigen Tradition stehen. Dieses Merkmal trifft jedoch auch auf andere Religionen, etwa den Buddhismus oder den Jinismus, zu, so daß man es wohl bei dem Notbehelf belassen muß zu sagen, Hindu sei derjenige, der sich selbst als Hindu bezeichne.

Ein großer Teil dieser religiösen Anschauungen wurzelt in der vedischen Religion, also in der Religion jener indogermanischen Rindernomaden, die um die Mitte des zweiten Jahrtausends v. Chr. in mehreren Schüben über die afghanischen Pamirpässe in das Industal als Eroberer eindrangen und sich allmählich von West nach Ost ausbreitend als Oberschicht in ganz Nordindien festsetzten, eine Landnahme, die ungefähr zur Zeit des Buddha, also um die Mitte des ersten Jahrtausends v. Chr., beendet gewesen sein dürfte.

Als eigentlichen Hinduismus bezeichnet man üblicherweise erst die Religionen, die sich als Reaktion auf die Asketenbewegungen Nordindiens, also z. B. den Buddhismus, herausbildeten und die in mancher Hinsicht einen Zusammenfluß der alten vedischen Religion mit den Anschauungen bodenstämmiger Volksreligionen darstellten.

Dennoch empfiehlt es sich gerade für unser Thema, schon auf die vedischen Nachtodvorstellungen ausführlicher einzugehen. Enthalten diese doch, zumindest im Kern, einen Großteil der Elemente, die später im Hinduismus aufgegriffen und weitergebildet worden sind. Mehr noch, viele dieser Vorstellungen sind unverändert auch im Hinduismus anzutreffen; manche Gebräuche, etwa im Totenkult, haben sich unversehrt bis auf den heutigen Tag erhalten.

1. Die vedische Zeit

1.1 Das vedische Weltbild

Der Rigveda, eine Sammlung opferpriesterlicher Hymnen, ältestes Dokument der vedischen Literatur, gibt – verglichen mit anderen Themen – erstaunlich wenig Auskunft über das Jenseits. Man hat sich diesen Befund so zu erklären versucht, daß die vedischen Inder viel zu sehr mit dem Diesseits beschäftigt waren, um überflüssige Gedanken an das Jenseits zu verschwenden. In der Tat dienen viele der rigvedischen Hymnen höchst weltlichen Zwecken. So wird beispielsweise in einem Hymnus die Spürhündin Sarama des Kriegsgottes Indra ausgeschickt ans Ende der Welt, um das Versteck der Kühe besitzenden feindlichen Panis auszukundschaften, diese zu verbellen und womöglich soweit einzuschüchtern, daß sie ihre Rinder freiwillig hergeben. Auf diese Weise könnte sie Indra und seinen Genossen den Kampf, sprich den gewaltsamen Viehraub, ersparen. Für den Fall, daß die Drohungen der Hündin fruchtlos bleiben, werden die Krieger moralisch zum Kampfe aufgerüstet: Indra, keulenschwingender Anführer, wird mit riesigen

Mengen des halluzinogenen Rauschtrankes Soma in Kampfesraserei versetzt, die sich auf seine Mannen überträgt und sie anspornt. Eine solche Kriegerreligion wird doch auch, so sollte man meinen, Vorsorge treffen für den Fall des Todes im Kampf. Daß dies auch geschah, können wir den spärlichen Bemerkungen des Rigveda entnehmen, doch sind wir gezwungen, die verstreuten Mosaiksteinchen, die zudem oft nicht zueinander passen wollen, erst zu einem Bild zusammenzusetzen.

Um die vedischen Vorstellungen vom Jenseits plastisch nachvollziehen zu können, müssen wir uns einen Eindruck vom vedischen Weltbild verschaffen. Der vedische Inder ließ sich zunächst einmal vom Augenschein leiten. Er stellte sich das sichtbare, helle obere Tagesfirmament als ein festes Gewölbe vor, das unter der flachen Erdscheibe seine Entsprechung in einem dunklen Nachtfirmament hatte. Er dachte sich also die Erdscheibe von einer festen Kugel umschlossen, die er mit dem Rücken- und Brustpanzer einer Schildkröte verglich.

Zwischen Erdscheibe und Firmament fließt ein ringförmiger Strom, die Rasa. Das lichte Firmament ist das Reich der Götter, das dunkle ist das Reich der Götterfeinde, der dämonischen Asuras.

Dieses Urbild wurde bald dreifach unterteilt, dergestalt, daß man drei Erdscheiben und drei Firmamente mit jeweils dazwischenliegenden drei Lufträumen annahm. So sprach man beispielsweise vom dritten oder obersten Himmel. Noch später, doch das ist schon nachvedisch, wurde die Dreizahl gar zur Siebenzahl.

1.2 Bestattungsgebräuche

In dieses sehr naheliegende, weil dem Augenschein entsprechende Weltbild sah sich der Mensch gestellt. Welchen Platz darin er bei Lebzeiten einnahm, das wußte er. Was aber geschah mit ihm beim Tode, und wohin gelangte er?

Auch in Indien spiegeln die Bestattungsgebräuche naturgemäß die Jenseitsvorstellungen wieder, wobei sich etliche der vedischen Totenriten noch im heutigen Hinduismus erhalten haben. Ich gebe im folgenden einen kurzen Abriß der wichtigsten Stationen des in den Einzelheiten äußerst komplizierten vedischen Totenrituals, wobei ich auch die Abweichungen zwischen den einzelnen Vedaschulen außer acht lasse.

Als Zeitpunkt des Sterbens wurde u.a. die Nacht oder die „dunkle Monatshälfte", d.h. die Zeit des abnehmenden Mondes, für ungünstig gehalten. Der Grund dafür ist darin zu suchen, daß man sich, wie wir noch ausführlicher sehen werden, das Totenreich als eine Lichtwelt vorstellte. Ein Tod bei Finsternis hätte das Eingehen in sie erschwert.

Der Ort des Sterbens war ein gereinigter, sandiger Platz, den man mit Gras und Kuhdung bedeckte. Der Sterbende, im Kreise seiner Verwandten, war angehalten, einem Brahmanen eine Kuh zu schenken; diese Kuh sollte ihn über den Fluß Vaitarani, der an der Grenze des Totenreiches liegt, hinübergeleiten. Der Sterbende lag mit dem Kopf nach Süden, der Richtung des Totenreiches. Das Sterben wurde erleichtert durch das Rezitieren von Vedatexten.

Nach Eintritt des Todes brachte man den Leichnam an einen überdachten Ort. Die folgenden Gebräuche zeigen deutlich, daß man sich den Tod gleichzeitig als Geburt dachte, als Übergang in ein neues jenseitiges Dasein mit einem neuen Körper. Der Leichnam wurde gewaschen, Haare und Fingernägel wurden geschnitten, er wurde geschmückt, bekränzt und erhielt ein neues Gewand. In südöstlicher Richtung, wo man sich den Eingang zum Totenreich dachte, wurde der Tote auf einer Bahre vom Dorf zur Verbrennungsstätte getragen. Goldstückchen, Zeichen der Unvergänglichkeit, waren auf seine Gesichtsöffnungen gelegt.

Der Platz für die Verbrennungsstätte wurde sorgfältig ausgewählt. Schließlich war er ein Jahr lang der Aufenthaltsort des Verstorbenen, nämlich während dessen Zeit als Totengespenst, worauf wir gleich noch näher eingehen werden. Obendrein wurden an dieser Stelle später die Ahnenopfer ausgerichtet. Die Eigenschaften dieses Ortes sollten in allen Einzelheiten den Wohnsitzen der Lebenden genau entgegengesetzt sein, wie auch sonst im Totenkult die rituellen Handlungen gerade anders herum als in den Ritualen, die sich mit dem Leben beschäftigten, vollzogen wurden – Ausdruck des Gegensatzes, aber auch der Komplementarität zwischen Leben und Tod. So beugte man etwa beim Ahnenopfer das rechte Knie, bei Opfern an die Götter aber das linke.

Man errichtete nun den Scheiterhaufen, dessen Form und Ausrichtung bis ins kleinste geregelt war. Zusammen mit seinen persönlichen Bedarfsgegenständen, die ihn ins Jenseits begleiten sollten, wurde der Tote darauf aufgebahrt. Man schlachtete die schon erwähnte Vaitarani-Kuh und legte ihre Teile auf den Leichnam. „Mit den Kuhteilen lege dir einen Panzer gegen Agni (das Feuer) um, bedecke dich mit Fett und Schmer, auf daß dich nicht der dreiste lüsterne Agni kühn gemacht mit seiner Glut umschlinge, um dich zu verbrennen" (Rigveda 10, 16, 7, alle Rigvedazitate in Geldners Übersetzung). Die Nieren gab man dem Toten in die Hände, sie waren für die Hunde des Totengottes Yama gedacht, von denen ebenfalls noch zu sprechen sein wird. Um das blutige Tieropfer zu vermeiden, konnte die Kuh auch freigelassen werden. Milchspeisen dienten dann als Ersatz für ihre Glieder. Man goß Wasser um den Scheiterhaufen herum aus, das dem Toten im Jenseits zugute kommen sollte. Schließlich wurde der Scheiterhaufen entzündet. Als Seelengeleiter wurden die Maruts, Windgötter, angerufen; anderen galt der ziegengestaltige Gott Pushan, oft auch der Feuergott Agni, der den Leichnam verbrennt, als Führer der Seelen ins Totenreich. Erneut gab man Opfergaben ins Feuer, dem Abgeschiedenen als Wegzehrung.

Nachdem ein paar Tage vergangen waren, folgte die Zeremonie des Einsammelns der Knochen. Die übrigen Gebeine wurden von manchen in einer Urne in der Erde bestattet (Reflex einer älteren Stufe der Erdbestattung?), manche zerrieben sie, mischten sie mit Butter und opferten sie in einer zweiten Kremation.

Der Bereich des Todes war tabu, und die Berührung mit dem Toten verunreinigte. Die Teilnehmer an der Totenzeremonie mußten sich daher ausführlichen Reinigungsriten unterziehen: Waschungen, Mundspülungen, Berühren von Feuer oder Kuhmist, Inhalieren des Rauches eines bestimmten Holzes usw. Die Phase der Unreinheit konnte bis zu zehn Tagen nach den Trauerfeierlichkeiten andauern. In dieser Zeit waren bestimmte Verrichtungen, wie z. B. Haarschneiden, verboten.

Während der Verbrennung des Toten waren die Seelengeleiter angerufen worden. Dennoch konnte der Abgeschiedene nicht sofort seine Reise ins Totenreich antreten. Ihm wurde vielmehr noch ein Jahr lang ein besonderes Einzeltotenopfer dargebracht. Erst dann wurde er eigens in einer Zeremonie in das allgemeine Ahnenopfer miteinbezogen. Man glaubte, daß er erst nach dieser Übergangszeit als Preta (wörtlich: Abgeschiedener), d.h. als Totengespenst, zu seinen Vätern versammelt würde.

Wir sehen hier ein anschauliches Beispiel dafür, daß schon in vedischer Zeit verschiedene religionsgeschichtliche Entwicklungsstufen nebeneinander bestanden und dem Ritual angepaßt worden waren. Die beiden im Ritual aufeinander folgenden Formen der Ahnenverehrung spiegeln die eingangs erwähnte Entwicklung: daß in einer archaischen Entwicklungsstufe die Grenze zwischen Leben und Tod noch nicht so scharf gezogen war, daß man die Toten noch in der Nähe gegenwärtig glaubte, daß aber später nach und nach die Vorstellung eines weit entfernten Totenreiches aufkam, in dem man sich die Toten in größerer Entfernung vom Leibe hielt. Nur gelegentlich wurden sie zur Ahnenspeisung von dort herbeigerufen.

Denn daß die gerade Gestorbenen den Lebenden gefährlich werden konnten, zeigen die Abwehrzauber, die man zum Fernhalten der Pretas und zum eigenen Schutz anwandte. Beispielsweise warf man auf halbem Wege zwischen Verbrennungsstätte und Dorf einen Erdklumpen auf den Weg, ein Hindernis, das dem Totengespenst den Weg versperren sollte.

Besaßen auch die Pretas eine gewisse Macht über die Hinterbliebenen, so war ihr Schicksal doch an einem entscheidenden Punkt ganz in die Hände des ältesten männlichen Nachkommens gelegt. Nur durch das Ahnenopfer nämlich, das der älteste Sohn vollzog, konnte der Totengeist des Vaters sein Dasein als Preta nach einiger Zeit aufgeben und ins Totenreich gelangen. Wer ohne männliche Nachkommenschaft starb, war dazu verdammt, ohne Unterlaß als Hungergespenst umzugehen; als Hungergespenst deshalb, weil einzig ein Ahnenopfer seine Bedürfnisse hätte stillen können. So werden denn auch die Pretas als abgezehrte Elendsgestalten „mit

Bäuchen wie Bergen und Schlünden wie Nadelöhren" dargestellt, ein Bild für ihre unstillbaren Tantalusqualen.

Die Sorge für das Wohlergehen der Ahnen ist also die wichtigste Aufgabe des Erben. Im Gesetzbuch des Manu (9, 106) heißt es: „Durch einen ältesten Sohn hat man sich seiner Schuld den Vorfahren gegenüber entledigt." Dies ist wohl vor allem auf die Gepflogenheit zu beziehen, bei der Ahnenspeisung Vater, Großvater und Urgroßvater ausdrücklich zu berücksichtigen. Wenn man also keinen Sohn, der später einmal opfern kann, in die Welt setzt, schadet man damit nicht nur sich selbst, in dem man einem sicheren Hungergespenstdasein ohne Ende ins Auge schaut; man schadet obendrein auch seinem Vater und Großvater, die noch auf das individuelle Reiskloßopfer angewiesen sind.

Wenn kein die Ahnenopfer darbringender männlicher Nachkomme mehr vorhanden ist, sind die Ahnengeister und die noch lebenden Familienangehörigen, die von den Ahnen ihrerseits beschützt werden, schutzlos, *anāthá,* ein Wort, das noch in Hindi soviel wie „Waise" bedeutet. Dieser Zustand, das Abbrechen der Linie der männlichen Nachkommenschaft, ist vermutlich auch die Grundbedeutung eines vedischen Wortes für „Verderben", „Abgrund", „Hölle" (*nírṛti*). Noch in der hinduistischen epischen Sanskrit-Literatur, in der Jaratkaru-Geschichte des Mahabharata (1, 13, 16 f.) hängen die Ahnengeister in einer Grube und sind vom Sturz in die Hölle bedroht, weil sich der „in die Irre gegangene" Jaratkaru nicht bemüht zu heiraten, um Söhne zu zeugen. Hier bricht verstärkt die Vorstellung von *nírṛti* als „Abgrund", „Hölle", durch, der allgemeinen, abgeleiteten Bedeutung, die die Grundbedeutung verdrängt hat.

Der alte Glaube von den Totengeistern in der Nachbarschaft konnte aber selbst durch die Einführung eines Totenreiches in weiter Ferne nicht ganz verdrängt werden. Neben dem Fortbestehen des Pretaglaubens riß auch der Kontakt nicht ab zu den seligen Toten im Totenreich, denen die Nachkommen durch pflichtschuldige Opferspende den Zugang zu diesem Ort der Seligen ermöglicht hatten. Wir werden im folgenden darauf zurückkommen. Hier sei nur noch auf eine unterschiedliche Entwicklung des archaischen Totengespenstglaubens hingewiesen. Zwar setzte sich der Glaube an ein jenseitiges Totenreich durch; daneben hielt sich aber auch die altertümlicher anmutende Ansicht, die Ahnen bewohnten „Luft, Erde und Himmel".

1.4 Die Lokalisierung des Totenreichs

Nach einem Jahr, manchmal auch schon eher, wird der Abgeschiedene durch eine bestimmte Zeremonie von seiner Zwischenexistenz als Preta erlöst. Er wird in den Kreis der Ahnen aufgenommen, die „Väter" (*pitṛ*) genannt werden. Er tritt ein in die Welt der seligen Väter.

Die vedischen Ansichten über die Lokalisierung dieses Totenreichs gehen zum Teil weit auseinander. Die älteste Vorstellung, die schon im Rigveda obsolet geworden ist, scheint die eines Totenreichs *zu ebener Erde* gewesen zu sein. Am häufigsten sind jedoch die Angaben, die von einem Totenreich *über der Erde,* im Himmel oder auch in der Sonne, sprechen. Auch *unter der Erde* vermutete man die Abgeschiedenen, allerdings fast nur die Bösewichter, nur selten die Seligen.

Das Totenreich zu ebener Erde läßt sich in dem alten Mythos vom Todesgott Yama erkennen. Dieser Mythos ist zwar nicht als zusammenhängende Erzählung überliefert. Man muß ihn aus einzelnen bruchstückhaften Angaben rekonstruieren. Das Wenige, was überliefert ist, ergibt jedoch ein recht einheitliches Bild.

Einst, im Goldenen Zeitalter, waren die Wesen unsterblich. Sie wurden als Zwillingspaare ungleichen Geschlechts geboren. Die Liebe zwischen diesen Zwillingen galt noch nicht als Inzest, und so führten sie ein glückliches Leben in ewigen Liebesfreuden. Einer dieser Unsterblichen war Yama, seine Zwillingsschwester war Yami. Yama wird seiner Unsterblichkeit überdrüssig. Er zieht nach Süden, „den großen Wasserläufen nach", überquert ein Meer und entdeckt als erster den Weg ins Totenreich. Er stirbt und wird so zum ersten Sterblichen. Zwillingsschwester Yami aber folgt ihrem Bruder nach ins Totenreich und überredet ihn, „damit es auf Erden weitergehe", zum postumen Inzest. Daraus entsteht das Geschlecht der Sterblichen. Diese folgen alle Yama ins Totenreich nach, wo er als König über sie herrscht. Yama ist auf diese Weise zum ersten Sterblichen, zum Stammvater der Menschheit und zum König im Totenreich geworden.

Dieser Mythos spiegelt sich noch in den Strophen: „Der als erster der Sterblichen gestorben ist, der als erster in diese Welt gegangen ist, der Sammler der Menschen, den König Yama verehrt mit Opfergabe!" (Atharvaveda 18,3,13). „Der den großen Wasserläufen nachgezogen ist und für viele den Weg entdeckt hat, dem Sohn des Vivasvat, dem Sammler der Menschen, dem König Yama huldige mit Opfer! Yama hat uns zuerst den Weg aufgefunden; dieser begangene Weg ist uns nicht mehr zu entreißen; auf welchem Wege unsere Vorväter abgeschieden sind, auf dem ziehen die Geborenen je ihre Straße" (Rigveda 10,14,1–2).

In der im Rigveda (10,10) erhaltenen Mythosfassung, die bereits in der Tendenz umgebogen ist, widersetzt sich Yama dem Ansinnen seiner Schwester, im Totenreich mit ihr weitere Sterbliche zu zeugen. In dieser Form ist der Mythos in vedischer Zeit Teil eines Rituals, das den Inzest von Zwillingsgeschwistern, die man für besonders inzestgefährdet hielt, verhindern sollte.

Die Vorstellung von den sich liebenden Zwillingspaaren des Goldenen Zeitalters wirkt übrigens in hinduistischen Paradiesvorstellungen fort. Sie wird uns im Zusammenhang des späteren Paradieses der seligen Uttarakurus wiederbegegnen.

Hier ging es uns vor allem um die Angabe, daß Yama den großen Wasserläufen nachziehen und ein Meer überqueren mußte, um den Eingang zum Totenreich zu finden. Das bedeutet ganz offenbar, daß man das Totenreich zu ebener Erde lokalisiert glaubte. In der vedischen Literatur finden sich noch andere Spuren dieser Auffassung. In den Bestattungsgebräuchen hatte die Kuh, deren Stücke auf den Leichnam gelegt wurden und die der Sterbende noch zu Lebzeiten einem Brahmanen stiften sollte, den Zweck, ihn über den Fluß Vaitarani, der die Grenze zum Totenreich bildet, hinübergelangen zu lassen. Das paßt zu den Gewässern auf Yamas Weg zum Totenreich. Auch heißt es (Atharvaveda 18,4,7), daß der Übergang über diese großen Wasserläufe, denen Yama nachzog, den frommen Opferern durch Furten ermöglicht wird. Die Frage liegt nahe, ob mit den Wassern an der Grenze zum Totenreich nicht der ringförmige Strom Rasa, der zwischen Erdscheibe und Firmament fließt, gemeint sein könnte.

Immer wieder findet sich die Angabe, daß das Totenreich im Süden liegt. Der Sterbende wurde mit dem Kopf nach Süden gelegt.

Beim großen Ahnenopfer sitzen Yama und die Ahnen im Süden auf dem Opfergras und trinken Soma und geklärte Schmelzbutter. Das Tor zur Väterwelt wird auch, leicht abweichend, als im Südosten liegend beschrieben. Südosten war ja aus diesem Grund die Richtung, in der der Leichenzug vom Dorf zur Verbrennungsstätte zog.

Doch wenden wir uns nunmehr der Welt der Ahnen über der Erde zu, von der die überwiegende Mehrheit der vedischen Belege spricht. Der Ort, wo die Väter und Yama wohnen, liegt in der Mitte des Himmels, im innersten Winkel des Himmels, am First des Firmaments. Mit diesen Beschreibungen ist offenbar die oberste Kuppe des lichten Tagfirmaments gemeint. Das oben geschilderte dreifach geschichtete Weltbild liegt vor, wenn es heißt, die Väter befänden sich im höchsten Himmel oder, genauer, im dritten Himmel, am dritten Firmament. Auch wird gesagt, es gebe drei Himmel: zwei gehörten dem Gotte Savitṛ; der dritte und höchste gehöre Yama.

In dieser Welt herrscht ewiges Licht und unendlicher Glanz, sie ist die höchste Lichtwelt. Damit in Zusammenhang steht offenbar die Erklärung der Sonne als Loch im Firmament, das den Glanz des dahinterliegenden Feuerhimmels hindurchlasse. Und so werden die Ahnen auch tatsächlich nach anderer Anschauung an den höchsten Punkt der Sonne versetzt. Sie sind mit der Sonne vereint oder bewachen sie; stehen in Verbindung mit den Sonnenstrahlen. Auch heißt es, für sie scheine im Himmel die Sonne. In einem alten Mythos wird die Sonne als Loch im Firmament erklärt, das der Gott Vishnu beim Ausschreiten des Universums mit seiner großen Zehe gebohrt habe. Die Sonne wird daher als Vishnus Fußstapfe bezeichnet. Und im Zusammenhang mit dieser Fußstapfe Vishnus erscheinen die Väter ebenfalls. Nur am Rande sei erwähnt, daß andere Texte auch die Kugel des Firmaments nicht als von einem jenseitigen Feuer umgeben bezeichnen; sie sprechen vielmehr von Wassern oben und unten jenseits des Firmaments.

Nicht nur die Sonne steht in Verbindung mit den Ahnen. Auch die anderen Himmelslichter spielen eine Rolle im vedischen Jenseitsglauben. Der Mond wird uns weiter unten beschäftigen, wenn wir auf die spätvedischen Weiterentwicklungen der hier behandelten älteren Stufe zu sprechen kommen. Die Sterne aber werden schon im Rigveda als die Lichter der Tugendhaften, die in die

Himmelswelt gehen, bezeichnet. Auch heißt es, die Ahnen, besonders die sieben mythischen Seher, seien zu den Sternen erhöht worden. Die Ahnen haben nach rigvedischem Glauben den Himmel mit Sternen geschmückt und dafür gesorgt, daß es nachts dunkel und tags hell ist.

Soviel fürs erste zur Lokalisierung des Reichs der seligen Väter. Wir wollen nunmehr versuchen, uns ein Bild davon zu machen, was nach vedischem Glauben dem Abgeschiedenen auf seinem Weg ins Totenreich und dortselbst widerfuhr.

1.5 Die Welt der seligen Väter

In Begleitung seines Jenseitsführers, vorzugsweise des Feuergotts Agni, der den Leichnam verbrennt, macht sich der Abgeschiedene nach seinem Zwischendasein als Preta auf ins Totenreich. Auf dem Weg dorthin begegnet er Yamas Hunden, vieräugige, breitnasige, gefleckte, braune Ungeheuer, Söhne der Sarama, die wir bereits als Indras Spürhündin kennengelernt hatten. Sie sitzen als Wächter auf dem Weg zum Totenreich. Der Abgeschiedene kann sie mit den Nieren der Vaitarani-Kuh, die ihm auf dem Scheiterhaufen in die Hand gelegt worden waren, besänftigen und eilt an ihnen vorbei. „Eile an den beiden saramaischen Hunden, den vieräugigen, gefleckten, auf dem richtigen Wege vorbei und gelange zu den Vätern, die leicht zu finden sind, die mit Yama in gemeinsamem Gelage schwelgen!" (Rigveda 10, 14, 10). Yamas Hunde werden aber auch in freundlicherem Licht geschildert. Sie wandern als Yamas Boten unter den Menschen umher, bewachen sie, suchen allerdings auch die Todgeweihten unter ihnen aus. Als Yamas Boten werden andererseits Vögel erwähnt, entweder eine Eule oder eine Taube. Yamas Rosse haben goldene Augen und eiserne Hufe.

Mit Hilfe der Vaitarani-Kuh überschreitet der Tote den Grenzfluß zum Totenreich. Die Opfer, die er zu Lebzeiten dargebracht hat, dienen ihm als Furten durch diesen Strom. Je nachdem, welche Vorstellung von der Lokalisierung des Totenreichs zugrunde liegt, gelangt der Dahingeschiedene aber auch durch Sonne oder Mond, die Löcher im Firmament und Tore zum Jenseits, in die Väterwelt.

Dort sieht er den König Yama. Neben Yama herrscht auch der Gott Varuna als König im Totenreich. Yama gibt dem Toten einen Ruheplatz und bereitet ihm eine Zufluchtsstätte. Er nimmt ihn in die Gesellschaft der seligen Väter auf. Yama hat im Rigveda nie die Funktion eines Totenrichters. Er bleibt seiner Rolle als erster und oberster der Sterblichen treu.

Die Väter sind unsterblich und führen in ihrer Welt ein paradiesisches Leben in ewiger Seligkeit, in dem alle irdischen Wünsche erfüllt werden. Ihre Wonnen sind hundertmal so groß wie die höchsten auf Erden. Da sie unsterblich sind, versteht es sich von selbst, daß sie das Alter besiegt haben. Sie sind außerdem frei von Krankheit, Lahmheit oder Verkrüppelung, eine Heilsvorstellung, die an die Grundbedeutung des Wortes heil, nämlich „ganz", „unversehrt", „vollkommen" denken läßt. Obwohl die Ahnen als „Väter" bezeichnet werden, handelt es sich bei ihnen nicht um eine reine Männergesellschaft. Der Tote sieht in jener Welt nicht nur Vater und Söhne, sondern auch seine Mutter wieder. Er wird dort mit Frau und Kindern vereint. Er pflegt der Liebe und genießt alle sexuellen Freuden. Die in der Schlacht gefallenen Krieger obliegen den Liebesfreuden mit himmlischen Nymphen, den Apsarasen. Die Vergnügungen werden von den Klängen von Flöten und Liedern begleitet. Für die Seligen fließen Soma, Milch und Wein, sie tun sich gütlich an geklärter Schmelzbutter und Honig. Sie sehen Yama mit den Göttern unter einem schönbelaubten Baum zechen. Auch feiern die Ahnen mit Yama und den Göttern gemeinsam. Helle, bunte Kühe erfüllen den Seligen alle Wünsche.

„Wo das ewige Licht ist, in welche Welt die Sonne gesetzt ist, in diese versetze mich, o Pavamana (= Soma), in die unsterbliche, unvergängliche Welt! Wo Vivasvats Sohn (Yama) König ist, wo der verschlossene Ort des Himmels ist, wo jene jüngsten Gewässer sind, dort mache mich unsterblich! Wo man nach Lust wandeln darf im dreifachen Firmament, im dreifachen Raume des Himmels, wo die lichtvollen Welten sind, dort mach mich unsterblich! Wo die Wünsche und Neigungen erfüllt werden, wo der Höhepunkt der Sonne ist, wo die Geisterspeise und Sättigung ist, dort mache mich unsterblich! Wo Wonnen, Freuden, Lüste und Belustigungen wohnen, wo die Wünsche des Wunsches erlangt werden, dort mache mich unsterblich!" (Rigveda 9, 113, 7–11).

In all ihrer Glückseligkeit waren die Ahnen doch nicht frei von Pflichten. Obwohl Yamas Wohnung in weiter Ferne, im Jenseits, lag, war die Verbindung zur diesseitigen Welt innerhalb des Firmaments nicht völlig abgerissen. Die Ahnen konnten Einfluß nehmen auf das Leben der Hinterbliebenen, konnten die Sünden bestrafen, die ihre Nachkommen an ihnen begangen. „Tut uns kein Leid an wegen irgendeines Verstoßes, ihr Väter, den wir nach Menschenart wider euch begehen könnten!" (Rigveda 10,15,6). Eine solche Sünde war etwa, daß sie die wichtige Ahnenspeisung versäumten. Vielleicht darf man auch in diesem Widerspruch, daß die Ahnen trotz ihres jenseitigen Schlaraffenlebens auf die Speisung durch die Nachfahren angewiesen blieben, eine Nachwirkung des entwicklungsgeschichtlich älteren Glaubens an die Totengespenster in der Nachbarschaft sehen, die durch Opfergaben besänftigt werden mußten. Die Väter ihrerseits revanchierten sich für die Reisklöße, die man ihnen zukommen ließ, mit Hilfe und Beistand, sie konnten ihren Nachfahren Reichtum und langes Leben verleihen. Insbesondere aber waren sie für reiche Nachkommenschaft zuständig; die Braut konnte sie um Fruchtbarkeit bitten. Die Zuständigkeit der Ahnen für Kindersegen ist möglicherweise auf den alten Glauben, daß die Ahnen in den Enkeln wiedergeboren werden, zurückzuführen. Normalerweise wurden die Ahnen kollektiv angerufen, gelegentlich trug man seine Bitte aber auch einzelnen, bestimmten vor.

Da man glaubte, daß bei Neumond die Abgeschiedenen am regsamsten seien, brachte man ihnen ein großes Neumondopfer dar. Die Väter wurden gerufen und kamen im gleichen Wagen wie Indra und die Götter zum Opferplatz gefahren. Sie saßen in südlicher Richtung auf dem Opferplatz. Der Feuergott Agni, der ja auch ihr Führer ins Totenreich war, diente als Übermittler der Speise. Die Ahnen waren beim Opfer persönlich, wenn auch unsichtbar, gegenwärtig und genossen die heiße Luft der Reisklöße. Deshalb hielt der Opferer nach Möglichkeit den Atem an, bis die Klöße abgekühlt waren. Außer der Speise brachte man den Vätern auch Kleidung und Augen- und Fußsalbe dar.

Über das Verhältnis der Väter zu den Göttern gab es unterschiedliche Ansichten. Manche Texte bezeichnen die Ahnen direkt als Götter, reden von Wesensgleichheit und gleichem

Wohnort von beiden. Oder es heißt, die Ahnen hielten Freundschaft mit den Göttern und genössen in ihrer Gesellschaft ein Leben von nie endender Seligkeit. Auf der anderen Seite wird ein „Weg der Ahnen" vom „Weg der Götter" unterschieden, und es gibt eine Götterwelt, deren Tor im Nordosten liegt, im Unterschied zur Väterwelt mit Tor im Südosten.

Der Gedanke von einer jenseitigen Vergeltung scheint in früherer Zeit keine große Anziehungskraft gehabt zu haben. Jedoch finden sich Ansätze dazu. Denn es galt als selbstverständlich, daß Yamas Wohnung den Guten vorbehalten war. Gut war, wer entweder Askese übte oder als Held sein Leben in der Schlacht riskierte, besonders aber, wer freigebig Opfergaben spendete. Heißt es doch, daß die Ahnen in Yamas Welt mit ihren Opfern und guten Werken zusammentreffen.

1.6 Der Sturz der Übeltäter in die finstere Tiefe

Die Übeltäter müssen damit rechnen, daß ihnen Yamas Welt der seligen Väter versperrt bleibt, daß sie statt dessen in die finstere Tiefe unter der Erde stürzen. Im Gegensatz zur Himmelswelt gibt es nämlich auch eine Höllenwelt, in der tiefste, schwarze, blinde Dunkelheit herrscht. Sie wird auch einfach als Grube bezeichnet, in die die Bösen verdammt werden. Die Bösen, das sind die Mörder und Räuber, aber auch die persönlichen Feinde. Wiederum liegt das Bild vom dreifach geschichteten Universum vor, wenn es heißt, es gebe einen Ort unter den drei Erden für den, der sich gegen den Hymnensänger verschwört. Die Götter Indra und Soma sollen die Übeltäter in den Abgrund schleudern, in bodenlose Tiefe, so daß kein einziger von ihnen wieder hinausgelangen kann. „Dieser tiefe Ort" ist für die Bösen, Falschen und Verlogenen geschaffen. Das untere Haus ist der Wohnsitz von Elfinnen und Hexen. Die Dämonin, die übelwollend wie eine Eule sich selbst verbergend umgeht, soll in den endlosen Abgrund stürzen.

Höllenstrafen werden im Rigveda nicht erwähnt. Im Atharvaveda jedoch, der in höherem Maße als der priesterliche Rigveda zum Teil sehr alte volksreligiöse Elemente enthält, ist an einer Stelle die Rede von Sündern, die einen Brahmanen beleidigt haben und die zur Strafe dafür im Jenseits an Blutströmen sitzen und ihr

Haar kauen. Erst in der späteren Rituallliteratur ist die Idee einer jenseitigen Bestrafung weiter ausgeführt.

Der vedische Inder suchte das Glück auf Erden, nicht im Jenseits. Schon die Belege für eine Schilderung der zukünftigen Seligkeit waren spärlich. Die Ansichten über das Schicksal der Bösewichter gar sind in den soeben genannten knappen Angaben schon enthalten.

Im Rigveda wird sogar auch ein Totenreich unter der Erde erwähnt, in das anscheinend nicht nur die Bösewichter gelangen. Die fragliche Stelle (10, 18, 10–13) steht aber zu den bisher geschilderten Anschauungen in so offenkundigem Widerspruch, daß man sie einem ganz anderen Vorstellungskreis zuordnen muß. „Kriech unter bei dieser Mutter Erde, bei der geräumigen, freundlichen Erde! Eine Jungfrau, weich wie Wolle für den, der Priesterlohn gibt, soll sie dich bewahren vor dem Schoße der Vernichtung. – Wölbe dich auf, o Erde , bedrücke ihn nicht, gib ihm guten Zugang und guten Unterschlupf! Wie die Mutter ihren Sohn mit einem Zipfel, so decke ihn zu, o Erde! – Sich aufwölbend soll die Erde recht feststehen, denn tausend Pfosten sollen angebracht werden. Diese Wohnung soll schmalztriefend sein und allezeit ihm dort eine Zuflucht gewähren. – Ich stemme die Erde über dir empor. Wenn ich diese Scholle niederlege, möchte ich keinen Schaden nehmen. Diese Säule sollen die Väter dir festhalten. Yama soll dir dort eine Wohnstätte errichten!"

2. Die spätvedische Entwicklung: Tatvergeltung und Wiedergeburt

In der bisher behandelten älteren vedischen Religion glaubte man an die Unsterblichkeit, glaubte man, daß das Leben nach dem Tode unendlich währe. Die vedischen Schöpfungsmythen beruhen zunächst auf einem linearen Verständnis der Zeit: Man nahm an, daß der Gang der Welt einen Anfang gehabt habe und in Zukunft in alle Ewigkeit andauern würde, und paßte diesem Glauben auch die Jenseitsvorstellungen an.

Zudem war der Gedanke eines jenseitigen Gerichts, bei dem die Guten belohnt und die Bösen bestraft würden, wenn überhaupt, nur in Ansätzen vorhanden, jedenfalls war er für den vedischen Jenseitsglauben nicht bestimmend.

Das vedische Denken war also, um es kurz zu umreißen, in bezug auf das Geschichtsverständnis linear und, was den Sinn der menschlichen Existenz betrifft, hedonistisch.

In der Zeit der Brahmanaliteratur nun, also etwa zu Beginn des ersten Jahrtausends v. Chr., zeigen sich die ersten Ansätze des Übergangs vom linearen zum zyklischen und vom hedonistischen zum ethischen Denken. Wir wollen im folgenden diese Entwicklung an einigen Beispielen nachzuvollziehen versuchen.

2.1 *Das Aufkommen des ethischen Denkens*

Ansätze für ein ethisches Denken hatten wir in rigvedischer Zeit darin gefunden, daß die Guten – Asketen, Kriegsherren, freigebige Opferherren – in Yamas Wohnung, den Väterhimmel, gelangten, während die Übeltäter – Räuber, Lügner, die Feinde überhaupt – in den finsteren Abgrund unter der Erdscheibe gewünscht wurden. Dieser Gedanke scheint in früher Zeit so selbstverständlich gewesen zu sein, daß er keiner ausführlichen Erwähnung oder Erörterung bedurfte. Vor allem kannte man keine jenseitige Instanz, die die Scheidung von Guten und Bösen vornahm, ein Jenseitsgericht war unbekannt. Yama, der Herrscher im Totenreich, nahm zwar – wie wir sahen – die im Totenreich eintreffenden Väter in Empfang und wies ihnen einen Platz in seinem Herrschaftsbereich zu, er fungierte aber in vedischer Zeit nie als Totenrichter.

Doch es konnte nicht ausbleiben, daß man sich darüber Gedanken machte, in welcher Form nun diese Trennung von Guten und Bösen im Jenseits vonstatten ging. Die ersten Erklärungsversuche begegnen uns als einfache, aber eindringliche Bilder. Die folgenden Textbeispiele sind vornehmlich dem Śatapatha-Brahmana (abgekürzt: ŚB) entnommen, einem umfangreichen opferpriesterlichen Traktat, das in magisch-ritualistischer Denkweise den Sinn bestimmter Opferhandlungen erklärt. Gelegentlich wird dabei auf älteres Legendengut zurückgegriffen, dem man freilich nun eine der neuen opferpriesterlichen Umgebung angepaßte, in der Tendenz umgebogene Interpretation verleiht.

So wird beispielsweise, um einen bestimmten Opferguß zu erklären, das Bild von zwei Flammen beiderseits des jenseitigen Weges gebraucht:

„Und das ist der Weg, der entweder zu den Göttern oder zu den Vätern führt. Auf beiden Seiten von ihm brennen ständig zwei Flammen. Sie brennen den, der es verdient, gebrannt zu werden, und lassen den vorüber, der es verdient, vorübergelassen zu werden. – Löschen ist das (Opfer-)Wasser (hier). Deshalb löscht es (das Feuer auf) diesem (jenseitigen) Weg“ (ŚB 1, 9, 3, 2).

Auffällig ist, daß die jenseitige Auslese nicht ausdrücklich von der Qualität der Handlungen des Menschen im Diesseits abhängig gemacht wird. Es ist nur ganz allgemein von denen, die es verdienen, gebrannt zu werden bzw. vorübergelassen zu werden, die Rede. Die eigentliche Ursache für das jenseitige Gebranntwerden oder Nicht-Gebranntwerden wird geschickt überspielt. Vielmehr wird das, offenbar als bekannt vorausgesetzte, Bild von den jenseitigen Flammen herangezogen, um die Wichtigkeit des Opfergusses hervorzuheben. Der Opferpriester preist sein Ritual als Schutz vor dem jenseitigen Feuer an: Genauso, wie das Opferwasser hier im Ritual das Feuer zu löschen vermag, löscht es auch das jenseitige Feuer. Dem Opferguß wird ein neuer Sinn untergeschoben, der seine Bedeutung steigert. Er wird rundweg zu einem Mittel erklärt, mit dem man die jenseitige Verdammnis überwinden kann.

Die neu auftauchende bange Frage, ob man vor dem Jenseitsgericht würde bestehen können, brachte die brahmanischen Opferpriester auf den Gedanken, ihre Kunst sozusagen als Versicherungsschutz gegen die jenseitige Gefahr auszugeben. Sie konnten so ihrer Kundschaft, von der sie für die Durchführung des Rituals entlohnt wurden, die Wichtigkeit ihrer Zunft plausibel machen und schufen sich selbst Legitimation und Daseinsberechtigung.

Die Überwindung des Todes durch das Ritual wurde damals zur Vorstufe eines ethischen Denkens, indem alle Taten des Menschen auf das Ritual bezogen, in das Ritual einbezogen und am Ritual gemessen wurden. Die Opferpriester versuchten, alle anderen Möglichkeiten der Heilsgewinnung, etwa durch Askese oder durch Tapferkeit im Kampf, zu verdrängen und durch ihr Ritualwissen zu ersetzen. Mit anderen Worten, sie strebten ein Heilsmonopol an.

Die sich aus dieser Konstellation entwickelnde Überritualisierung der spätvedisch-brahmanischen Lehre ist für die Entwicklung der indischen Religionsgeschichte wiederum fruchtbar geworden. Sie provozierte die Reaktion anderer gesellschaftlicher Kreise, besonders des Kriegerstandes, die nach unabhängigen Wegen der Heilsgewinnung suchten. Doch ehe wir auf deren Antworten auf die Frage nach dem Schicksal des Menschen nach dem Tode eingehen, wollen wir noch weitere Beispiele aus der spätvedischen Epoche erwähnen, in denen versucht wird, einer jenseitigen Tatvergeltung durch das Opferritual zu entgehen.

Neben dem Bild vom Feuer gab es das Bild von der Waage. Diese Waage, auf die der Mensch im Jenseits gesetzt wird, wird im folgenden Zitat gleichgesetzt, „magisch identifiziert" mit dem Opferbett, das der Opferpriester als flache Grube in der Erde aushob und mit Opfergras bedeckte, damit es als Altar diene. „Nun: das ist *die Waage,* was das rechte (südliche) Ende des Opferbettes ist. Und was einer Gutes tut, das befindet sich innerhalb des Opferbettes. Was aber einer Ungutes tut, das befindet sich außerhalb des Opferbettes. Deshalb soll man, das rechte Ende des Opferbettes berührend, sich setzen. Auf die Waage setzen sie einen in jener Welt. Welche (Seite der Waage die andere in die Höhe) zwingt, der folgt man nach, sei es die gute oder die ungute. Wer solches weiß, besteigt schon in dieser Welt die Waage; in jener Welt bleibt ihm das Auf-die-Waage-Gesetztwerden erspart. Sein gutes Werk treibt die andere Waagschale in die Höhe, nicht sein schlechtes Werk" (ŚB 11,2,7,33).

Erneut finden wir hier das im Zusammenhang mit dem Bild von den beiden Flammen Gesagte bestätigt. Die guten Werke werden einzig vom Opfer abhängig gemacht. Das Gute, das der Mensch tut, befindet sich innerhalb des Opferbettes. Nur das Opfer ist gute Tat, die geeignet ist, die Jenseitswaage zu beeinflussen. „Wer solches weiß", fleißig opfert und so die Möglichkeit erhält, als Opferherr (der den Opferpriester engagiert und bezahlt) am Ritual teilzunehmen, kann dadurch schon in dieser Welt in entscheidender Weise auf die Richterwaage nach dem Tode in der anderen Welt Einfluß nehmen.

Sogar das Motiv einer Brücke vom Diesseits ins Jenseits, schmal wie die Schneide eines scharfen Rasiermessers, über die die Guten hinübergelangen, von der die Bösen aber in einen Abgrund stürzen, scheint auch in Indien nicht unbekannt gewesen zu sein. Darauf deuten mehrere Stellen in der spätvedischen Literatur hin (Scherman, S. 117): Man solle auf dem Wege der Wahrheit bleiben und die Unwahrheit meiden, so wie man beim Beschreiten einer über einen Abgrund gelegten Schwertschneide immer nur denkt: ,Wenn ich rechts oder links fehlgehe, falle ich in den Abgrund.' Auch heißt es, die Winde geleiten die Seelen der Frommen ins Jenseits durch einen Raum am Rande der Erde, der so groß ist wie die Schneide eines Rasiermessers oder der Flügel einer Fliege. Die Schwierigkeit des Übergangs aus dieser Welt in die jenseitige Welt wird auch in der Katha-Upanishad mit der schwer zu beschreitenden Schneide eines Rasiermessers verglichen.

Seinen zwingendsten und schärfsten Ausdruck aber hat die Lehre von der jenseitigen Tatvergeltung wohl in der Erzählung von der *Jenseitsreise des Bhrigu* gefunden. Ich gebe zunächst, ohne lange Vorrede, eine Übersetzung der eigentlichen Jenseitswanderung (nach ŚB 11,6,1,1–7):

„Bhrigu, der Sohn des Varuna, dünkte sich seinem Vater Varuna an Wissen überlegen. Varuna merkte es: ,Er dünkt sich mir an Wissen überlegen.' Und er sprach: ,Mein Söhnchen, wandere nach Osten. Wenn du dort gesehen hast, was du sehen sollst, wandere nach Süden. Wenn du dort gesehen hast, was du sehen sollst, wandere nach Westen. Wenn du dort gesehen hast, was du sehen sollst, wandere nach Norden. Wenn du dort gesehen hast, was du sehen sollst, dann wandere nach Nordosten. Wenn du dort gesehen hast, was du sehen sollst, dann erzähle es mir.'

Und er wanderte fort von dort nach Osten. Und siehe, Männer, die Glied für Glied Männer zerteilen, indem sie deren Glieder Glied für Glied abhauen mit den Worten: ,Das ist deins, das ist meins'! Und er sprach: ,Furchtbar, wehe! Männer haben Glied für Glied Männer zerteilt, indem sie deren Glieder Glied für Glied abhauten!' Sie sagten zu ihm: ,Gerade so verfolgten diese uns doch in jener Welt, und wir wollen sie wieder hier verfolgen!' Und er sprach: ,Gibt es hierfür eine Sühne?' – ,Es gibt sie.' – ,Welche?' – ,Dein Vater weiß es.'

Und er wanderte fort von dort nach Süden. Und siehe, Männer, die Glied für Glied Männer zerteilen, indem sie deren Glieder Glied für Glied abschneiden mit den Worten: ,Das ist deins, das ist meins'! Und er sprach: ‚Furchtbar, wehe! Männer haben Glied für Glied Männer zerteilt, indem sie deren Glieder Glied für Glied abschnitten!' Sie sagten zu ihm: ‚Gerade so verfolgten diese uns doch in jener Welt, und wir wollen sie wieder hier verfolgen!' Und er sprach: ‚Gibt es hierfür eine Sühne?' – ‚Es gibt sie.' – Welche?' – ‚Dein Vater weiß es.'

Und er wanderte fort von dort nach Westen. Und siehe, still sitzende Männer, die von still sitzenden Männern gegessen werden! Und er sprach: ‚Furchtbar, wehe! Still sitzende Männer essen so still sitzende Männer!' Sie sagten zu ihm: ‚Gerade so verfolgten diese uns doch in jener Welt, und wir wollen sie wieder hier verfolgen!' Und er sprach: ‚Gibt es hierfür eine Sühne?' – ‚Es gibt sie.' – ‚Welche?' – ‚Dein Vater weiß es.'

Und er wanderte fort von dort nach Norden. Und siehe, brüllende Männer, die brüllende Männer essen! Und er sprach: ‚Furchtbar, wehe! Brüllende Männer essen so brüllende Männer!' Sie sagten zu ihm: ‚Gerade so verfolgten diese uns doch...'

Und er wanderte fort von dort nach Nordosten. Und siehe, zwei Frauen, eine hübsche und eine überhübsche! Zwischen ihnen stand ein Mann, schwarz, mit roten Augen, einen Stock in der Hand. Als er ihn sah, empfand er Furcht, und er kehrte nach Hause zurück.

Und sein Vater sprach zu ihm: ‚Lerne deine Lektion, warum lernst du denn deine Lektion nicht?' Und er sprach: ‚Was soll ich lernen; es gibt nichts.' Da wußte Varuna: ‚Er hat gesehen!'"

Soweit die Schilderung von Bhrigus Jenseitsreise. Im Anschluß daran erklärt Varuna seinem Sohn, der von dem, was er sah, so erschüttert ist, daß er darüber seine Überheblichkeit vergessen hat, Szene für Szene die Stationen seiner Jenseitswanderung. Doch hier ist die Tendenz der Erzählung offensichtlich schon im Sinne der opferpriesterlichen Lehre umgebogen, da die jenseitigen Gewalttäter zu den Opferutensilien erklärt werden, die sich im Jenseits an den Opfern rächten. Auch die Erklärung der beiden Frauen und des schwarzen Mannes klingt gezwungen und hilflos: die Frauen seien Glaube und Unglaube, der Mann sei der Zorn. Wenn man diese Erklärungen für bare Münze nimmt, müßte doch eigentlich der Opferer die Erzählung zum Anlaß nehmen, vom Opfer abzulassen, damit er nicht der jenseitigen Rache der Opfergeräte zum

Opfer fällt. Daran ändert auch die Schlußbemerkung nichts, durch ein bestimmtes Opfer besiege man den Zorn, und wer den Zorn besiege, besiege alles. Nein, all diese Unstimmigkeiten lassen sich nur durch die opferpriesterliche spätere Überarbeitung der alten Legende erklären.

Aber Varunas nachträgliche Identifikationen erübrigen sich, weil der dieser Erzählung zugrundeliegende Jenseitsgedanke doch schon in der Geschichte selbst formuliert wird. Ich meine den Satz: „Gerade so verfolgten diese uns doch in jener Welt, und wir wollen sie wieder hier verfolgen!" Mit „jener Welt" ist, da die Geschichte im Jenseits spielt, natürlich das Diesseits gemeint, und die Kernaussage der Erzählung ist somit der Gedanke, daß sich im Jenseits das gleiche wiederholt wie im Diesseits, nur umgekehrt, mit vertauschten Rollen: der Mörder wird zum Opfer und das Opfer zum Mörder, die Nahrung wird zum Verzehrer und der Verzehrer zur Nahrung; in der Geschichte hier schaurig als Kannibalismus ausgemalt, und auch an anderer Stelle in dem Satz formuliert: „Denn welche Speise der Mensch in dieser Welt ißt, die ißt ihn in jener Welt wieder."

Der dieser Vorstellung zugrundeliegende Gedanke einer grundsätzlichen Verschiedenheit, aber auch einer gegenteiligen Entsprechung zwischen Diesseits und Jenseits, der Gedanke der Umkehrung also, war uns schon bei der Besprechung der Bestattungsgebräuche und des Ahnenkults begegnet, wo im Ritual alle Handgriffe andersherum, etwa durch Vertauschung von rechts und links, als bei den Opfern für die Lebenden oder für die Götter ausgeführt werden mußten. Die Bhrigu-Erzählung nun leitet messerscharf die Tatvergeltung im Jenseits von der Umkehrung der Verhältnisse in Diesseits und Jenseits ab.

Diese extreme Form der Tatvergeltung war noch in ein zeitlich lineares Weltbild eingeordnet. Mit der jenseitigen Umkehrung sind die diesseitigen Taten abgegolten und der Täter findet, wenn auch in dieser Erzählung unausgesprochen, seine Ruhe. Was aber, wenn diese Vorstellung in ein zyklisches Zeitverständnis übernommen wird? Was, wenn es nach dem Jenseits ein neues Diesseits gibt? Müssen dann nicht Täter und Opfer bis in alle Ewigkeit damit beschäftigt bleiben, sich gegenseitig aufzufressen, ob sie wollen oder nicht? Man sieht, diese Vorstellung würde unweigerlich zu einer Prädestinationslehre in ihrer krassesten Form führen, in der jede Weiterentwicklung ausgeschlossen wäre, weil alle Taten schon seit Ewigkeit anfangslos vorherbestimmt waren, und in der auch für die Willens- und Handlungsfreiheit kein Spielraum bliebe.

Wir sind damit schon beim Gegenstand des folgenden Kapitels, beim spätvedischen Übergang zum zyklischen Denken, dem zweiten der beiden Entwicklungsströme, die in die klassische hinduistische Lehre vom Kreislauf der Wiedergeburten den Taten entsprechend münden. Hier sei nur schon soviel vorweggenommen, daß sich der Glaube an die Tatvergeltung in dieser extremen Form, der einer unentrinnbaren Determination, die auch die kleinste Einzelheit, das lächerlichste Detail regelt, in Indien nicht durchsetzen konnte. Entgegen einem weit verbreiteten Mißverständnis besagt ja die indische Karmalehre in der überwiegenden Mehrzahl der religiösen Systeme nicht, daß der Mensch in Passivität sein Kismet erdulden müsse. Sie legt im Gegenteil das Schicksal des Menschen in seine eigenen Hände. Nicht irgendein Gott oder eine unpersönliche Schicksalsmacht bestimmt die Zukunft des einzelnen, sondern das Individuum bestimmt die Qualität seines zukünftigen Daseins durch seine gegenwärtigen Taten selbst. Die klassische Karmalehre beruht nicht mehr auf einem magisch-automatistischen Weltverständnis, nach dem der Gang des Kosmos durch kleinste Manipulationen, etwa auf dem Wege des Analogiezaubers, beeinflußt werden konnte; sie besagt lediglich, daß die Qualität, die Art der Wiedergeburt das Resultat der vergangenen bzw. gegenwärtigen Taten ist. Sie liefert somit vor allem eine Erklärung für die Ungleichheit der Menschen.

2.2 *Der Übergang zum zyklischen Denken*

2.2.1 Der Wiedertod und seine Besiegung durch das Opferritual

Das Leben im Diesseits beginnt mit der Geburt und endet mit dem Tod. Auch das Leben im Jenseits begann nach altindischem Glauben mit einer neuen Geburt, bei der der Abgeschiedene einen neuen Körper erhielt. Der Leichnam wurde daher (das hatten wir bei den Bestattungsgebräuchen gesehen) gewaschen, geschmückt und neu gekleidet. Da aber einmal der Glaube an eine neue Geburt im Jenseits bestand, so lag es doch auch nahe, gleichfalls einen erneuten Tod im Jenseits anzunehmen, um so mehr, als dies auch durch die Vorstellung einer grundsätzlichen Entsprechung zwischen Diesseits und Jenseits nahegelegt wurde. So taucht denn – neben dem Motiv der Tatvergeltung durch ein jenseitiges Ordal – in der Brahmanaliteratur der Begriff des „Wiedertodes" auf, der dem indischen Jenseitsglauben eine neue Dimension verleiht. Er bereitet den Weg zu dem im späteren Hinduismus nie angezweifelten Axiom des Kreislaufes der Wiedergeburten und damit zum zyklischen Denken. Denn auf den Wiedertod im Jenseits folgt eine Geburt im Diesseits. „Der Frühling entsteht ja wieder aus dem Winter. Denn eins entsteht aus dem anderen. Wahrlich, in dieser Welt wird wiedergeboren, wer dieses so weiß" (SB 1, 5, 3, 14). Diese Geburt muß abermals den Tod nach sich ziehen.

Es war der nächste Schritt im Zuge dieser Entwicklung, die neue Geburt nach dem Tode nun nicht mehr in jedem Falle ins jenseitige Totenreich zu verlegen, sondern gleich hienieden stattfinden zu lassen. So ließ sich zwar nicht der Tod aus der Welt schaffen, wohl aber die Angst vor dem Tode mildern. Die Ungewißheit einer unbekannten jenseitigen Existenz war auf diese Weise ausgeräumt. Nach dem Tode wurde man erneut hier im Diesseits wiedergeboren, und was einen hier erwartete, das wußte man ungefähr. Daß die Qualität dieser Wiedergeburt als von den gegenwärtigen Taten des einzelnen abhängig gedacht wurde, hatten wir im vorigen Kapitel gesehen.

Drei Beispiele mögen die spätvedischen Vorstellung vom Wiedertod verdeutlichen. Ihnen ist gemeinsam, daß nach der Erwähnung des Wiedertodes sofort auch das Mittel genannt wird, den Wiedertod zu besiegen. Die Art dieser Mittel kennen wir bereits. Es handelt sich um ähnliche Methoden, wie sie auch das Jenseitsgericht überwinden halfen: um bestimmte Opferrituale.

Im ersten Beispiel wird das Schichten des Scheiterhaufens für das Opferfeuer zum Mittel erklärt, durch das der Opferherr den Wiedertod besiege (ŚB 10, 1, 4, 14): „Diesbezüglich stellt sich die Frage: Was wird da beim (Schichten des Feuers) getan, wodurch der Opferherr den Wiedertod besiegt? (Antwort:) Der wird zur Gottheit Feuer, der das Feuer schichtet. Das Feuer aber ist auf alle Fälle das Unsterbliche. Glück sind die Götter; ins Glück geht er ein. Ruhm sind die Götter; und zu Ruhm wird er, der solches weiß."

Der Behauptung, wer das Feuer schichte, werde selbst zu Feuer, liegt die Ansicht zugrunde, daß der Opferer der Vater des Feuers sei, das Feuer sein Sohn. Schließlich erzeugt ja der Opferer das Feuer. Diese Ansicht wird uns auch im folgenden Beispiel noch begegnen. Wer aber Feuer zeugt, der muß in seinem Wesenskern auch aus Feuer bestehen, bzw. wird durch diesen Zeugungsakt zu Feuer. Durch die Beobachtung der Körperwärme erhält dieser Gedankengang eine zusätzliche Stütze. Das Feuer aber ist deswegen unsterblich, weil es Teil des jenseitigen Feuerhimmels ist.

Das Tor zu diesem jenseitigen Feuerhimmel ist die Sonne. Durch sie gelangt der Glanz des Feuerhimmels auf die Erde. Jenseits und Unsterblichkeit aber gehören zusammen. Also auch Jenseits und Tod; denn der Tod markiert den Übergang in die Unsterblichkeit. Deshalb kann im nächsten Beispiel behauptet werden, die Sonne sei der Tod (ŚB 2,3,3,5–9):

„Und wenn einer stirbt, und wenn sie ihn ins Feuer legen, da wird dieser aus dem Feuer geboren. Und das Feuer wird vom Sohn zum Vater. Deshalb lautet das Seherwort (Rigveda 1,89,9): ‚Ihr Götter, hundert Jahre liegen vor uns, in denen ihr uns das Alter der Leiber bestimmt habt, in denen die Söhne zu Vätern werden. Tut uns mitten auf dem Lebensweg am Leben keinen Schaden!' Denn *das Feuer* wird vom Sohn wieder zum Vater. Das ist es, weshalb man die Feuer anlegen soll. Dieser ist der Tod, der da brennt. (Gemeint ist die Sonne.) Und weil dieser Tod ist, deshalb sterben die Geschöpfe diesseits von ihm. Die aber jenseits von ihm sind, das sind die Götter. Und die sind deshalb unsterblich. Alle diese Geschöpfe hier sind an ihren Lebenskräften mit seinen Strahlen verbunden; deshalb ziehen sich die Strahlen über die Lebenskräfte hin. Und bei wem er will, bei dem nimmt er den Lebenshauch (d. i. die wichtigste der Lebenskräfte), steigt auf, und derjenige stirbt dann. Und wer, ohne von diesem Tod entfesselt zu sein, in jene Welt eingeht, den läßt er in jener Welt immer und immer wieder von neuem sterben, gerade so, wie man in dieser Welt auf einen Gefesselten keine Rücksicht nimmt und ihn, wann immer man es wünscht, sterben läßt.

Und wenn man abends nach Sonnenuntergang zwei Opferspenden ausgießt, dann steht man mit diesen beiden Füßen nach Osten gewandt fest auf diesem Tod. Und wenn man morgens vor Sonnenaufgang zwei Opferspenden ausgießt, dann steht man mit diesen beiden Füßen nach Westen gewandt fest auf diesem Tod. Und beim Emporsteigen nimmt die Sonne den Opferer mit nach oben. Und dadurch ist man vom Tode entfesselt. Und das ist die Entfesselung vom Tode im Agnihotra-Opfer. Wahrlich, vom Wiedertode wird entfesselt, wer so um diese Entfesselung vom Tode im Agnihotra-Opfer weiß."

Wir wollen hier nicht weiter auf die willkürliche Heranziehung des Rigvedaverses durch den Brahmanaverfasser eingehen, der zu sehr am Wortlaut des Zitates klebte, als daß er den ganz anderen Sinnzusammenhang der Rigvedastrophe hätte berücksichtigen können. In der Strophe geht es ja um menschliche Söhne, die im Verlaufe ihres möglichst hundertjährigen Lebens (so viele Jahre maß man einer vollen Lebensspanne bei) Väter werden wollten.

Uns geht es um die eigenwillige Erklärung der Vorgänge beim Tode, die in dieser Stelle ihren Ausdruck findet:

Die Sonne ist der Tod. Er fesselt die Geschöpfe mit seinen Strahlen. Die Sonne steigt im Laufe des Vormittags auf, zieht die Todgeweihten an ihren Fesseln empor. Diese sterben, ohne vom Tod entfesselt zu sein. Da sie sich im feurigen Jenseits weiterhin in der Gewalt des Todes befinden, müssen sie immer wieder von neuem sterben. Also muß, wer Tod und Wiedertod überwinden will, die Sonne daran hindern, ihn mit ihren Strahlen zu fesseln. Wie aber erreicht man dies?

Der Opferpriester hier behauptet, sein Opferritual sei dazu in der Lage; das sogenannte Agnihotra-Opfer, ein Opfer, bei dem man morgens und abends Milchgaben ins Feuer schüttet. Der Opferer müsse dabei abends nach Sonnenuntergang die Sonne, die unter die Erdscheibe sinkt, gleichsam niedertreten, also den Tod unterdrücken. Morgens dann, noch vor Sonnenaufgang, müsse er ebenfalls fest auf die Sonne treten. Der Tod, der niedergetreten, unterdrückt ist, kann ihn auf diese Weise nicht mit seinen Strahlen fesseln. Wenn nun die Sonne aufsteigt, trägt sie den siegreichen Opferer mit nach oben. Wenn man auf diese Weise, frei von den Fesseln des Todes, ins Jenseits gelangt, hat der Tod keine Macht mehr: Tod und Wiedertod sind besiegt.

Man mag diesen Analogiezauber, der – Gleiches durch Gleiches – sich die Gesetze eines magischen Weltbildes zunutze macht, milde lächelnd als hanebüchene Kinderei abtun; immerhin scheint auch manchen geriatrischen Therapien des modernen Menschen die magische Denkweise nicht ganz fern zu liegen.

Als letztes Beispiel einer rituellen Besiegung des Wiedertodes soll uns die *Jenseitsreise des Naciketas* dienen, und zwar in ihrer älteren, einfacheren Fassung (nach Taittiriya-Brahmana 3, 11, 8, Übersetzung Deussen, S. 262 f.):

„Willig gab einstmals Vajaśravasa (bei einem Opfer) seine ganze Habe dahin. Ihm war ein Sohn mit Namen Naciketas. Den, obgleich er erst ein Knabe war, überkam, als die Opferlohnkühe (zur Verteilung an die Brahmanen) herbeigetrieben wurden, der Glaube (an die Wirksamkeit des Allhabeopfers), und er sprach (um dasselbe vollständig zu machen): ‚Mein Vater, wem wirst du mich geben?' So sprach er (in ihn dringend) zum zweitenmal und drittenmal. Ihm antwortete (von Zorn über diese Unterschätzung seiner Opfergaben) ergriffen, der Vater: ‚Dem Tode gebe ich dich.' – Zu diesem, nachdem er (vom Opfer) aufgestanden, spricht eine Stimme: ‚Gautama! Den Knaben!' – Da sprach er: ‚Gehe hin zu den Wohnstätten des Todes, denn dem Tode habe ich dich gegeben. Er wird aber, wenn du zu ihm kommst, verreist sein', fuhr er fort, ‚und dann sollst du drei Nächte, ohne zu essen, in seinem Haus weilen. Wenn er dich dann fragt: ‚Knabe, wie viele Nächte hast du geweilt?' so sollst du antworten: ‚drei'. Fragt er, was du die erste Nacht gegessen, so antworte ihm: ‚deine Nachkommenschaft'; ‚was die zweite?' – ‚deine Herden'; ‚was die dritte?' – ‚dein gutes Werk'.' – Als er nun zu ihm kam, war der Tod verreist; er aber weilte drei Nächte, ohne zu essen, in seinem Hause. Da traf ihn der Tod an und fragte: ‚Knabe, wie viele Nächte hast du geweilt?' – Er antwortete: ‚Drei!' – ‚Was hast du die erste Nacht gegessen?' – ‚Deine Nachkommenschaft', sprach er. – ‚Was die zweite?' – ‚Deine Herden.' – ‚Was die dritte?' – ‚Dein gutes Werk.' – Da sprach der Tod: ‚Verehrung sei dir, ehrwürdiger (Brahmane)! Wähle ein Geschenk!' – ‚So laß mich lebend zum Vater wiederkommen!' – ‚Wähle noch ein Geschenk!' – Er sprach: ‚So lehre mich die Nichtversiegung der Opfer und frommen Werke!' Da lehrte er ihn jenes Feuer ‚Naciketa'; dadurch kommen seine Opfer und frommen Werke nicht zum Versiegen. Dessen Opfer und fromme Werke versiegen nicht, der das Feuer ‚Naciketa' schichtet und auch dessen, welcher es also weiß. – ‚Wähle noch ein drittes Geschenk!' Da sprach er: ‚So lehre mich die Abwehr des Wiedersterbens!' Da lehrte er ihn jenes Feuer ‚Naciketa'; damit, fürwahr, wehrte er das Wiedersterben ab. Der wehrt das Wiedersterben ab, der das Feuer ‚Naciketa' schichtet, und auch der, welcher es also (als Mittel des Nichtwiedersterbens) weiß."

2.2.2 Die Wiedergeburt und ihre Besiegung durch das Wissen

Auf die Zeit der Brahmanas, in denen der Wiedertod, den man mittels verschiedener Opferrituale auf magische Weise zu überwinden trachtete, im Mittelpunkt der Überlegungen stand, folgt die Zeit der ältesten Upanishaden (etwa 800–600 v. Chr.). Das Ritual wird abgelöst, einerseits durch erste Ansätze einer Naturphilosophie, andererseits durch eine Mystik, die auf meditativem Wege die Erfahrung der Einheit von Individualseele und Allseele (Atman und Brahman) sucht. Die frühe Naturphilosophie entzündete sich unter anderem an der Frage nach den Vorgängen nach dem Tode, und man entwickelte auch auf diesem Gebiet zyklische Lehren, z. B. die vom Kreislauf des Wassers. Wenn Wissen in der Brahmanazeit Ritualwissen bedeutete, so wird es nun mehr und mehr zu philosophischer und religiöser Erkenntnis.

Entsprechend entwickelt sich auch der Gedanke des Wiedertodes weiter. In den letzten Textbeispielen stand der Tod im Jenseits noch mehr oder weniger isoliert da; man starb im Jenseits immer wieder, aber dieser Wiedertod wird an der überwiegenden Mehrzahl der Textstellen nicht unmittelbar mit einer auf ihn folgenden Wiedergeburt im Diesseits in Verbindung gebracht. Nun aber beginnt man, der Wiedergeburt im Diesseits stärkere Beachtung zu schenken, und kombiniert diese Idee mit der ethischen Lehre von der Tatvergeltung. Zwangsläufig mußte man so unterscheiden zwischen dem Schicksal der Guten und dem Schicksal der Bösen, was zunächst dazu führte, daß man eine gute Wiedergeburt für die Guten und eine böse Wiedergeburt für die Bösen annahm.

Doch dabei blieb es nicht. Denn die Vorstellung eines Wiedergeboren-Werdens in ewigem Kreislauf, eines Wiedergeboren-Werden-Müssens, also eines Zwanges zum Leben, wurde bald als bedrückend empfunden. Das anfangs- und endlose Rad der Wiedergeburten ist schließlich nicht einfach mit Unsterblichkeit gleichzusetzen. Jede neue Geburt zieht vielmehr zwangsläufig den ganzen elenden Prozeß des Alterns und abermaligen Sterbens nach sich. Das Problem verschob sich: Nicht mehr der Tod wurde als das Grundübel der menschlichen Existenz empfunden, sondern das Leben, in dem der Mensch dem unvermeidlichen Leid des Daseins immer wieder von neuem weitgehend hilflos ausgeliefert ist. Die wenigen Momente des Glücks, die einer während seines Lebens empfinden mochte, änderten an diesem Grundübel gar nichts. Man sehnte sich deshalb danach, aus diesem Kreislauf der Wiedergeburten ausscheiden zu können, man strebte nach Erlösung.

Damit wurde aber auch die Frage, wie es den Guten und wie den Bösen nach dem Tode ergehe, zweitrangig. Die Frage lautete nun: was geschieht mit dem Erlösten, und was geschieht mit dem Nichterlösten nach dem Tode?

Die glückselige Unsterblichkeit im rigvedischen Ahnenhimmel war durch das Aufkommen des Wiedertodes und der Wiedergeburt verlorengegangen. Der Aufenthalt in der Väterwelt war nun von endlicher Dauer. Dort war keine Rettung aus dem Wiedergeburtskreislauf zu finden. Doch schon seit ältester Zeit gab es das Bild der zwei Jenseitswege: neben dem Väterweg, der in den Ahnenhimmel führte, existierte der Götterweg in die Himmelswelt; damit eröffnete sich also ein Ausweg. Wie aber gelangte man statt auf den Väterweg auf den Götterweg? Natürlich durch Wissen. Esoterisches Geheimwissen war seit der Brahmanazeit zu dem Erlösungsmittel schlechthin geworden und hatte andere Heilswege, etwa Askese oder kriegerische Tapferkeit, weitgehend verdrängt. Der Unterschied zu früher war aber nun, daß das für die Erlösung ausschlaggebende Wissen nicht mehr den ritualkundigen Brahmanen vorbehalten war. Die Überritualisierung und damit die Verknöcherung des Rituals in der ausgehenden Brahmanazeit hatte Heilsbestrebungen in anderen Schichten der Bevölkerung hervorgerufen, die selbständige Wege zur Erlösung einschlugen. Besonders einige Vertreter des Kriegerstandes scheinen zu damaliger

Zeit den Brahmanen auf philosophischem Gebiet den Rang abgelaufen zu haben. Wir lesen in den Upanishaden mehrfach, wie junge Brahmanen voller Wissensdünkel, im Glauben, sie hätten alles gelernt, zum König kommen, ihm aber die Antwort auf wichtige Fragen, etwa nach den Vorgängen im Jenseits, schuldig bleiben und sich dann beschämt die Belehrung des Königs gefallen lassen müssen.

Eine solche Belehrung über das Schicksal nach dem Tode ist im ersten Kapitel der Kaushitaki-Upanishad enthalten. In ihr spielt der Mond als Zwischenstation im Jenseits eine Rolle. Neben der Sonne als Loch im Firmament und Tor zum Jenseits galt ja der Mond als Jenseitspforte. Auch verlangte das Phänomen der Ab- und Zunahme des Mondes nach einer Erklärung. Eine solche Erklärung besagte, daß der Mond sich in der zunehmenden Phase mit den Seelen der Abgeschiedenen fülle, die nach ihrem jenseitigen Wiedertod in der abnehmenden Phase, wenn es auf Neumond geht, wieder den Mond verließen und auf die Erde zurückkehrten. Diese Erklärung versteht sich im Rahmen der Lehre vom Kreislauf des Wassers: Der Mond füllt sich turnusmäßig mit Wasser, das mit dem Bestattungsfeuer als Rauch (!) emporsteigt, um nach dieser Zwischenstation wieder als Regen zur Erde zu gelangen. Dort nimmt der Mensch es im Saft der Pflanzen in sich auf, womit der Kreis geschlossen ist. Andererseits faßte man den Mond als Riegel an der Tür zum Jenseits auf, der bei Neumond vorgeschoben, bei Vollmond weggeschoben war.

Die Kaushitaki-Upanishad also entwirft folgendes Bild von den Geschehnissen nach dem Tode (Übersetzung Deussen, S. 24):

„Alle, die aus dieser Welt abscheiden, gehen (zunächst) sämtlich zum Monde; durch ihre Leben wird seine zunehmende Hälfte angeschwellt, und vermöge seiner abnehmenden Hälfte befördert er sie zu einer (abermaligen) Geburt. Aber der Mond ist auch die Pforte zur Himmelswelt, und wer ihm auf seine Fragen antworten kann, den läßt er über sich hinausgelangen. Hingegen wer ihm nicht antworten kann, den läßt er, zu Regen geworden, hinabregnen. Der wird hienieden, sei es als Wurm, oder als Fliege, oder als Fisch, oder als Vogel, oder als Löwe, oder als Eber, oder als Beißtier, oder als Tiger, oder als Mensch, oder als sonst etwas, an diesem oder jenem Orte wiederum geboren, je nach seinem Werke, je nach seinem Wissen."

Nach dieser Jenseitstheorie, die die Lehre vom Kreislauf des Wassers voraussetzt, hängt also die Entscheidung über den Verbleib im Geburtenkreislauf oder das Ausscheiden aus ihm von der richtigen Beantwortung einer Frage ab, die der Mond dem Verstorbenen stellt. Wer die Frage nicht beantworten kann, muß wieder zurück auf die Erde, wo er „je nach seinem Werke, je nach seinem Wissen" wiedergeboren wird. Nicht nur das Ausscheiden aus dem Geburtenkreislauf ist vom Wissen abhängig; auch die Art der Wiedergeburt wird, außer von den Werken, vom Wissen geregelt.

Wie es dem Unwissenden, Nichterlösten nach Meinung des Verfassers der Kaushitaki-Upanishad nach dem Tode ergeht, wissen wir nun. Was aber geschieht mit dem Wissenden, dem Erlösten? Welche Frage stellt ihm der Mond, wie lautet die Antwort darauf, und wie sieht das Leben des Erlösten nach dem Tode aus? Wir lesen weiter in der Kaushitaki-Upanishad (ich kürze stark ab und gebe nur die wichtigsten Stellen):

„Wenn einer zum Monde kommt, so fragt dieser ihn: ‚Wer bist du?' Dann soll er antworten: ‚Du bin ich!' Wenn er so zum Monde spricht, dann läßt er ihn über sich hinausgelangen. Wenn er nun diesen Götterweg genannten Weg antritt, so gelangt er zur Feuerwelt, dann zur Windwelt, dann zur Varunawelt, dann zur Indrawelt, dann zur Prajapatiwelt, dann zur Brahmanwelt. Daselbst schüttelt er ab gute Werke und böse Werke; dann übernehmen seine Bekannten, die ihm freund sind, sein gutes Werk, und die ihm nicht freund sind, sein böses Werk. Dann fragt ihn Brahman: ‚Wer bist du?' Dann soll er antworten: ‚Eines jeglichen Wesens Selbst bist du; und was du bist, das bin ich.' Und er fragt ihn: ‚Wer bin denn ich?' Dann soll er sagen: ‚Die Wahrheit.' – ‚Wieso die Wahrheit?' – ‚... Dies eine Wort Wahrheit... umfaßt die ganze Welt; und die ganze Welt bist du.' Also wird er dann sprechen."

In diesem Falle besteht also das erlösende Wissen in der mystischen Alleinheitslehre der Upanishaden, die besagt, daß die Individualseele, der Atman, identisch ist mit der Allseele, dem Brahman. Das Erkennen dieser Wesensgleichheit von Selbst und All hat die Erlösung zur Folge, das Ausscheiden aus dem Geburtenkreislauf und das Eingehen in Brahman.

2.3 Das ethisch-zyklische Denken des Karma-Saṃsāra: der Kreislauf der Wiedergeburten den Taten entsprechend

Am Ende der vedischen Epoche ist die Zeit reif, die vielfältigen Elemente des vedischen Jenseitsglaubens zu dem klassischen System des Karma-Saṃsāra, des Kreislaufs der Wiedergeburten den Taten entsprechend, zusammenzufassen. Dieses System erwies sich als so geschmeidig und mit den unterschiedlichsten philosophischen und theistischen Denkgebäuden vereinbar, daß es in seinen Grundzügen für den gesamten Hinduismus verbindlich bleiben sollte. Die Grundzüge sind die folgenden:

Zunächst hat man zu unterscheiden zwischen dem Schicksal der Erlösten und dem der Nichterlösten. Die Erlösten werden nicht wiedergeboren; die jeweiligen Lehren sind sehr zurückhaltend in ihren Aussagen über die Befindlichkeit der Erlösten nach dem Tode. Über das Schicksal der Nichterlösten herrscht weitgehend Einmütigkeit: sie werden ihren Taten entsprechend wiedergeboren. „Wie man handelt und verfährt, so wird man nach dem Tode. Wer gut verfährt, dem geht es gut, wer Böses tut, wird elend" (Brihadaranyaka-Upanishad 4,4,5). Die ganz Bösen werden zunächst in einer unterirdischen Höllenwelt wiedergeboren, in der sie ihre Missetaten abbüßen. Erst dann erlangen sie wieder eine Geburt auf der Erde, etwa als niedriges Tier. Sie haben Gelegenheit, sich auf der sozialen Stufenleiter, die von moralischen Gesichtspunkten regiert wird, nach und nach emporzuarbeiten. Entsprechend werden die Guten in einer immer angeseheneren Gesellschaftsgruppe wiedergeboren. Die ganz Guten erreichen eine Existenz in einem Götterhimmel; anschließend genießen sie die Freuden eines Paradieses, ehe sie als Mensch wiedergeboren werden. Allen Existenzen gemeinsam ist die Vergänglichkeit. Keine Höllenpein, aber auch keine Himmelsseligkeit dauert ewig. Nach dem Verstreichen einer bestimmten Zeitspanne, und seien es Jahrmillionen, tritt man in ein neues Dasein ein. Das Ausscheiden aus dem Geburtenkreislauf ist üblicherweise nur dem Menschen, vor allem dem Brahmanen, möglich; Höllenbewohner sind zu verworfen, Götter zu selig, um die Notwendigkeit der Erlösung einzusehen. Doch auch jeder Höllenbewohner kann, wenn er sein schlechtes Karma abgebüßt hat, mittels guter Taten wieder

Brahmane werden. So ist niemand von der Erlösung ausgeschlossen.

Dieses voll ausgebildete System von Jenseitsvorstellungen liegt bereits dem zwölften Kapitel, dem über die Seelenwanderung, des Gesetzbuches des Manu zugrunde, dem wichtigsten und für den orthodoxen Hindu auch heute noch maßgeblichen Gesetzeskodex jener religiös orientierten Rechtsliteratur, die die vedische Epoche beschließt. Wir wollen uns in einem kurzen Durchgang einen Eindruck davon verschaffen.

Das Thema dieses Kapitels ist – dies wird eingangs angekündigt – die Vergeltung der Taten. Taten finden auf drei Ebenen statt: gedanklich, sprachlich und körperlich. Alle Taten haben gute oder ungute Folgen und bestimmen so die Art der Existenz des Menschen. Sie legen fest, ob einer eine hohe, niedrige oder mittlere Wiedergeburt erlangt. Wer sich vorwiegend an das Recht hält, dem wird Seligkeit im Himmel zuteil; bei wem das Unrecht überwiegt, der muß Höllenstrafen erdulden.

In Übereinstimmung mit der Philosophie des Sankhya heißt es dann, das Bewußtsein des Menschen sei charakterisiert durch das Verhältnis dreier Eigenschaften zueinander: „Güte", „Aktivität" und „Finsternis". Güte äußert sich in Erkennen, Aktivität in Liebe und Haß, Finsternis in Nicht-Erkennen. Güte erkennt man an Freude, geistiger Stille, daran, daß innerlich gleichsam ein reines Licht leuchtet. Anzeichen für Aktivität ist Leid und Unzufriedenheit. Finsternis schließlich bedeutet Verblendung, eine Verwirrung, die für Verstand und Wissen unzugänglich bleibt. Wenn man sich für das, was man getan hat, tut oder gerade tun will, schämt, so erkennt man daran Finsternis. Kennzeichnend für Aktivität sind Handlungen, mit denen man weltlichen Ruhm erlangen will und über deren Mißerfolg man sich nicht grämt. Wissensdurst, Taten, derer man sich nicht zu schämen braucht, und das, worüber die Seele Befriedigung empfindet, sind Merkmale der Eigenschaft Güte.

Das zukünftige Schicksal nun ist davon abhängig, welche dieser drei Eigenschaften im Menschen überwiegt. Die Guten erreichen ein Dasein als Gott, die Aktiven ein Dasein als Mensch, die Finsteren werden zum Tier. Diese drei Daseinsstufen sind anschließend noch, leicht abweichend vom soeben Gesagten, jeweils dreifach unterteilt. Unbewegliche Wesen, Insekten, Fische, Schlangen und Schildkröten sind die niedrigsten Daseinsstufen, die auf Finsternis beruhen. Die mittlere Stufe der Existenzen, die durch Finsternis verursacht werden, wird ausgefüllt von Elefanten, Pferden, den Angehörigen des Dienstleistungsstandes, verächtlichen Barbaren, Löwen, Tigern und Ebern. Die unterschiedlichsten Arten von Kobolden, Dämonen und halbgöttlichen Wesen stehen auf der höchsten Stufe der Finsternisexistenzen. Darüber, also auf der niedrigsten Stufe der durch Aktivität herbeigeführten Geburten, stehen Stockkämpfer, Ringkämpfer, Söldner, Schauspieler, Spieler und Trinker. Auf der mittleren Stufe, zu der Aktivität führt, stehen Könige, Krieger, Hauspriester und berufsmäßige Disputierer. Danach kommen Götterjünglinge, Götterjungfrauen und Götterdiener. Die untere der drei Daseinsformen, die durch Güte erreicht werden, ist die der Asketen, Einsiedler und Brahmanen, aber auch die Sternbilder beispielsweise gehören hierzu. Auf der mittleren Stufe der Güteexistenzen stehen die Opferer, die mythischen Seher, die Götter, die Veden, die Gestirne und die Jahre; und hier finden wir auch die „Väter", die Ahnen also, wieder. Die höchsten Stellungen in dieser Hierarchie der Existenzen haben u. a. der Gott Brahma, die Schöpfergötter und das Weltgesetz inne.

Im Anschluß daran wird ausführlich und detailliert dargelegt, welche Sünde welche Wiedergeburt zur Folge hat. Nachdem der Sünder zuvor schon langjährige Höllenstrafen verbüßt hat, erhält ein jeder die Existenz, die er sich verdient hat. Der Brahmanenmörder findet sich als Hund, Schwein, Esel, Kamel, Rindvieh, Ziege oder Outcast wieder. Der branntweintrinkende Brahmane wird Wurm, Kerbtier, Motte, fäkalienfressender Vogel oder reißendes Raubtier. Ein diebischer Brahmane muß tausendmal durch die Körper von Spinnen, Schlangen und Echsen hindurch. Hundertmal wird als Grashalm, Strauch und Liane wiedergeboren, wer seinem Guru Hörner aufsetzt.

Eine Reihe zukünftiger Existenzen steht in deutlicher Beziehung zu dem auslösenden Vergehen. Der Juwelendieb wird zum Goldschmied, der Korndieb zur Ratte, der Honigdieb zur Biene, der Milchdieb zur Krähe, der Fleischdieb zum Geier, der Parfümdieb zur Moschusratte, der Fruchtdieb zum Affen; Diebinnen werden zu den Frauen solcher Kreaturen.

Ein besonders übles Schicksal ereilt den, der seine Standespflicht vernachlässigt. Der pflichtvergessene Brahmane wird ein Hungergespenst, das sich von Erbrochenem ernährt; der Krieger wird zum Ghul; Angehörige des Nährstandes, die ihren Aufgaben nicht nachkommen, müssen sich als Hungergespenster von Eiter ernähren. Vergleichsweise harmlos ist das Schicksal eines säumigen Dieners: er soll als Hungergespenst Motten fressen.

Je mehr einer in Sinnengelüsten schwelgt, desto mehr wächst auch sein Verlangen danach. Ständig wiederholt er seine Sünden und muß für sie in furchtbaren Höllen büßen. In der Hölle mit dem Wald, dessen Bäume Schwertklingen statt Blätter tragen; in der Hölle, wo er von Foltermangeln zerquetscht wird; wo Raben und Eulen ihn zu Tode picken; wo er in glühendem Sand geröstet, in Gefäßen gekocht wird. Alle Arten von gräßlichen Geburten, die freilich alle einmal ein Ende haben, muß er durchmachen, Gefängnis, Sklaverei, Trennung von seinen Lieben, üble Gesellschaft, ständiges Altern, gegen das kein Kraut gewachsen ist, immer wieder der unentrinnbare Tod.

Da ist es schon besser, sich an die Taten zu halten, die dem Brahmanen das Ausscheiden aus dem Kreislauf der Wiedergeburten und die Unsterblichkeit sichern. Es sind die folgenden Handlungen: Vedastudium, Askese, Erkenntniserlangung, Zügelung der Sinne, Gewaltlosigkeit und dem Lehrer Dienen. Besser noch als alle diese Tugenden ist aber das Erkennen des Selbst; dadurch erlangt man schließlich die Unsterblichkeit. Auch die guten Taten werden daher unterteilt in solche des Fortgangs und solche des Stillstands. Die des Fortgangs führen nicht zum Verlassen des Geburtenkreislaufs; bestenfalls verhelfen sie zu einer Existenz, in der man den Göttern gleich ist. Die guten Taten des Stillstands aber bewirken das Zur-Ruhe-Kommen des Rades der Existenzen. Sie bedeuten im wesentlichen, daß man sich ganz der Erfahrung des Selbst widmet; daß man das Selbst in allen Geschöpfen und alle Geschöpfe gleichermaßen im Selbst erkennt. So erlangt man geistige Unabhängigkeit. Der Brahmane soll deshalb letztlich sogar die Opferriten aufgeben und sich ganz der Selbsterkenntnis, der Sinnenberuhigung und dem Vedastudium widmen. Darin liegt der letzte Sinn seines Daseins.

3. Die Ausschmückung der Jenseitsvorstellungen im jüngeren Hinduismus

Vedische Schilderungen eines Lebens nach dem Tode waren – im ganzen gesehen – spärlich, wenn sie auch eine erstaunliche Vielfalt von, sich teilweise sogar widersprechenden, Vorstellungen offenbarten. Die religiöse Literatur des jüngeren Hinduismus nun, vor allem das volkstümliche Puranaschrifttum, das zahlreiche religiöse Legenden des späteren Hinduismus enthält, kann sich gar nicht genug tun in groß angelegten Jenseitsschilderungen. Die hier zu findenden Beschreibungen von Höllen und Paradiesen schwelgen in bisweilen haarsträubenden Details; der Phantasie sind keine Grenzen mehr gesetzt. Der Grund dafür ist darin zu suchen, daß es sich um ein im Kern moralisierendes Schrifttum handelt. Es will die Gläubigen durch die Androhung fürchterlicher Höllenstrafen einerseits und durch die Verheißung der Genüsse einer jenseitigen Glückseligkeit andererseits zu einem religiösen Lebenswandel ermuntern. Dieser Moral liegt das Prinzip der Tatvergeltung innerhalb des Geburtenkreislaufs zugrunde. Bei aller Weitschweifigkeit, allem Schwelgen in Einzelheiten kann diese Literatur dennoch – bis auf wenige Ausnahmen – nichts wesentlich Neues zu unserer Kenntnis des hinduistischen Jenseitsglaubens beitragen. Sie enthält keine wirklich neuen Gedanken, beschränkt sich vielmehr darauf, die in der vedischen Tradition enthaltenen Andeutungen auszumalen, auszuwalzen.

Wir wollen bei der Behandlung der jüngeren Epoche des Hinduismus der Einteilung folgen, die sich seit der Zeit der Upanishaden (also seit dem Aufkommen des Glaubens an einen Kreislauf der Wiedergeburten den Taten entsprechend, aus dem man bei der Erlösung ausscheidet) für unser Thema, das Leben nach dem Tode, anbietet. Die große Unterteilung ist die in das Schicksal der Nichterlösten und das der Erlösten, wobei im Falle der noch nicht Erlösten das Schicksal der Übeltäter von dem der Gerechten zu unterscheiden ist. Dem sei eine gedrängte Beschreibung des erweiterten, nunmehr siebenteiligen Weltbildes vorausgeschickt.

3.1 Das erweiterte siebenteilige Weltbild

Im unendlichen Raum schwebt eine unendliche Anzahl von Weltenkörpern, Brahma-Eier genannt. Die Schale unseres Eies, das Firmament, besteht aus mehreren aufeinanderfolgenden Schichten (deren Zusammensetzung für unser Thema unwesentlich ist).

Innerhalb des Firmaments wird die Erdscheibe oben und unten von sechs Weltschichten umschlossen, den Himmelswelten, in denen die Götter wohnen. Die Erdscheibe selbst ist die innerste, siebte Schicht, die nach unten eine Ausbuchtung hat. Darin liegen stockwerkartig zunächst sieben von Dämonen bevölkerte Unterwelten, noch darunter schließlich die Höllen, Aufenthaltsort der büßenden Sünder. Die Zahl der Höllen beträgt ebenfalls sieben (oder ein Vielfaches davon). In der Horizontalen besteht die Erdscheibe aus sieben Kontinenten: in der Mitte der kreisrunde Zentralkontinent Jambudvipa; er wird umschlossen von einem Ringozean; darauf folgt der erste Ringkontinent; darauf wieder ein Ringozean usw. Der Zentralkontinent Jambudvipa wird von Ost nach West von sechs Gebirgsketten durchzogen. Das südlichste der so gebildeten Segmente ist Indien, abgeschlossen nach Süden durch den ersten Ringozean, nach Norden durch den Himalaya, den ersten der transkontinentalen Gebirgszüge. Nördliches Gegenstück zu Indien, also das nördlichste Segment des Kontinents Jambudvipa, ist das Paradies Uttarakuru, das uns noch beschäftigen wird.

Das alte Bild der Welt von der flachen, ringozeanumflossenen Erdscheibe innerhalb eines festen, kugelförmigen Firmaments war wie gesagt schon in vedischer Zeit dreifach geschichtet worden. Die neue Kosmologie nun hat den alten Kern beibehalten, ihn lediglich auf Grundlage der Siebenzahl in mehrere Richtungen untergliedert.

3.2 Das Schicksal der Nichterlösten

3.2.1 Das Schicksal der Bösen

3.2.1.1 Die Höllenschilderungen des Garuda-Purana. Als Beispiel für die zahlreichen Jenseitsschilderungen des späteren Hinduismus soll hier der Schlußabschnitt des Garuda-Purana dienen, der in aller Ausführlichkeit die Vorgänge nach dem Tode behandelt. Die drastische Darstellung beginnt mit dem Eintritt des Todes, begleitet den Abgeschiedenen auf seinem Weg ins Totenreich, leitet über zu einer ausführlichen Höllenbeschreibung, die dem Leser kein noch so scheußliches Detail erspart, und beschreibt schließlich, wie die Art der erneuten Wiedergeburt dem früheren Verbrechen entspricht.

Bei Eintritt des Todes – so lehrt das dem Vishnuismus zugehörige Garuda-Purana – erscheint dem Übeltäter ein Augenblick seines qualvollen Sterbens so lang wie die Dauer eines Weltzeitalters, das nach traditioneller Anschauung immerhin vier Milliarden und 320 Millionen Jahre währt. Der Sünder hat Schaum vor dem Mund; der Lebenshauch verläßt ihn durch eine untere Körperöffnung, d.h. eine Öffnung unter dem Nabel. Die beiden Schergen Yamas, des Herrschers im Totenreich, treten an ihn heran: wilde, nackte, schwarze Bestien, schiefmäulig, krallenbewehrt, mit Strick und Stock bewaffnet. Sie knirschen mit den Zähnen, ihre Haare sträuben sich. Wenn der Sterbende sie erblickt, läßt er vor Schreck Kot und Urin fahren. Die Todesboten reißen das daumenlange Seelenmännchen aus seinem Körper und hüllen es in einen Peinigungsleib. Dieser feinstofflich gedachte Übergangsleib, Träger des Karma, dient als jenseitiges Kontinuum zwischen den Wiedergeburten. Wie ein Verbrecher von den Henkersknechten, wird nun der Verstorbene in seinem neuen Leib mit einem Strick um den Hals und in Ketten unter Schlägen mit Folterhämmern und Beschimpfungen auf den weiten, öden Weg ins Totenreich gezerrt. Auf glühendem Sand dörren ihn Winde aus brennenden Wäldern, Hunger und Durst quälen ihn. Obwohl sich der Böse auf diesem Wege von den Reisklößen und dem Wasser, das seine Hinterbliebenen beim Ahnenopfer spenden, nährt, findet er dadurch keine Erquickung; er muß weiterhin hungern und dürsten. Noch schlimmer aber sind die Totengeister daran, denen von den Nachkommen keine Totenopfer dargebracht werden; sie müssen als Pretas, als abgezehrte Hungergespenster, bis zum Ende des Weltzeitalters im menschenleeren Wald umherirren.

Der Weg ins Jenseits ist 1 204 000 Kilometer weit. Tag und Nacht südwärts wandernd, bringt der Abgeschiedene täglich 3458

Kilometer hinter sich. Er ist somit auf dieser Durststrecke fast ein Jahr unterwegs.

Wie beim Weltuntergang glühen zwölf Sonnen alles Wasser auf diesem Wege aus. Doch auch kalte Winde erschweren dem Bösen den Weg. Dornen stechen ihn, Giftschlangen beißen ihn, Löwen, Tiger und Hunde zerfleischen ihn, Skorpione stechen ihn. Er muß durch den furchtbaren Schwertblätterwald hindurch, wo herabfallende Blätter ihn in Stücke hauen. Unversehens fällt er in verdeckte Brunnen, von hohen Bergen; in stockfinsterer Nacht strauchelt er, schlägt hin in blutegeldurchwimmelten Schlamm, in heißen Unrat. Es regnet glühende Kohlen, Blut, siedendes Wasser, Säuren und Exkremente.

Auf halber Strecke aber erwartet ihn das schlimmste Hindernis, der grausige Strom Vaitarani. Er ist 1400 Kilometer breit und führt Eiter, Blut und Haare. Gebeine säumen seine Ufer. Alligatoren, Krokodile, Blutegel und nadelspitze Würmer schwimmen darin umher; über ihm fliegen riesige Geier mit diamantharten Schnäbeln. Wenn der Sünder naht, beginnt der flammen- und rauchbedeckte Unglücksfluß zu sieden wie Butter in der Pfanne. Yamas Boten, in der Luft schwebend, haben ihrem Opfer einen spitzen Haken in den Mund gesteckt; und so wird es hinübergezogen wie ein Fisch an der Angel. Wer hingegen einem Brahmanen zu Lebzeiten die Vaitaranikuh gespendet hat, dem nahen rettende Fischer mit einem Schiff, um ihn überzusetzen.

Nach fast einem Jahr auf diesem Marterpfad erblickt der Sünder schließlich die Yama-Stadt, und verzagend schreit er laut auf. Die Bewohner der Yama-Stadt hören sein Geschrei, kommen alle herbei und melden es dem Torwächter. Dieser geht hin und meldet die guten und bösen Taten des Delinquenten dem Citragupta, Yamas Sekretär. Dieser erstattet schließlich Yama, dem Totenrichter, persönlich Bericht über das Schuldkonto des soeben im Totenreich Eingetroffenen. Yama, der „Gesetzeskönig", zitiert nun den Frevler vor sich und zeigt ihm seine wahre Schreckensgestalt als Totenrichter, „einen Stock in der Hand, von gewaltigem Leibe, auf einem Büffel sitzend, tosend wie die Wolken beim Weltuntergang, einem Berge aus Lampenruß vergleichbar, furchtbar durch blitzgleich leuchtende Waffen, zweiunddreißigarmig... sein Auge ist so groß wie ein Teich; sein Antlitz zeigt gefletschte Zähne, rote

Augen und eine lange Nase". Yamas Schergen, Yama ähnlich, stehen in seiner Nähe und brüllen.

Nachdem Yama über den Sünder die ihm gebührende, seinen Taten entsprechende, Strafe verhängt hat, binden seine Knechte die Verdammten, immer gleich mehrere, an einem Strick zusammen und führen sie in die ihnen bestimmte Hölle.

Dem Garuda-Purana zufolge gibt es 8 400 000 Höllen, aber nur 21 davon sind die hauptsächlichen und furchtbarsten. In ihnen kommen die Früchte der verschiedenen Übeltaten zur Reife. Eingangstor zu den hauptsächlichen Höllen ist wiederum die Vaitarani. Deshalb ziehen die Sünder, von Yamas Schergen geschlagen, zunächst zu ihr zurück, stürzen hinein und versinken in ihren hunderttausend Wirbeln.

So in die Höllen gelangt, müssen die Missetäter die grausamsten Qualen erleiden. In einer dieser Höllen werden sie an einem riesigen Baum, der wie loderndes Feuer leuchtet, an Ketten mit dem Kopf nach unten aufgehängt und Yamas Folterknechte schlagen sie heftig mit eisernen Stäben, Hämmern, Speeren, Lanzen, Keulen und Mörserkolben, bis sie regungslos und ohnmächtig werden. Wenn sie zu Boden fallen, werden sie von Hunden zerfleischt. Den Heulenden stopfen die Schergen Staub in den Mund und schlagen sie erneut. In anderen Höllen werden die Sünder wie Holzstücke zersägt oder mit Äxten zerhackt; in Gruben eingegraben, wird ihnen mit Schwertern der Kopf gespalten. Auch gibt es Foltermaschinen, die wie Zuckerrohrmangeln die Bösewichter zerquetschen. Einige werden vor gewaltige amoklaufende Elefanten auf den Weg geworfen und zertrampelt; in Höhlen voller Würmer gesteckt und dort zerfressen; Krähen und Geier mit diamantharten Schnäbeln zerhacken ihre Gesichter.

Doch genug davon. Im allgemeinen sind bestimmte Höllenstrafen nicht bestimmten Sünden angepaßt. Nur einmal heißt es, Brandstifter würden in Feuergruben gebraten und bekämen zusätzlich, wenn der Durst sie quälte, siedendheißes Öl zu trinken. Wenn das schlechte Karma der Übeltäter soweit aufgebraucht ist, daß sie keine Höllenqualen mehr zu erdulden haben, werden sie erneut auf der Erde wiedergeboren, und zwar üblicherweise zunächst als unbewegliches Wesen: als Baum, Strauch, Liane, Schlinggewächs, Gras oder auch als Berg. Bald aber gelangen sie in ein Dasein als Tier oder niedrigkastiger Mensch, und selbst hier wirken sich noch ihre einstigen Missetaten aus. An bestimmten Kennzeichen sind nämlich vormalige Sünder zu erkennen, in der Weise, daß diese Male genau den früheren Sünden entsprechen. Hier ist die Entsprechung nun möglichst genau durchgeführt: wer eine Kuh tötet, wird bucklig und blödsinnig wie ein Zeburind. Der Lustmolch wird ein zeugungsunfähiger Zwitter. Der Fleischesser wird ganz rote Glieder haben, der leckermäulige Brahmane einen dicken Bauch. Wer von Leckerbissen nichts abgibt, kriegt einen Kropf. Wer ein Buch stiehlt, wird blind geboren. Wer Brahmanen oder Kühe mit Fußtritten traktiert, kommt hinkend oder lahm zur Welt. Wer seine Frau im Haß verstößt, wird als Cakravaka-Vogel wiedergeboren, eine Vogelart (anas casarca), von der es heißt, daß die Männchen und Weibchen nachts getrennt werden und unter dem Trennungsschmerz besonders leiden. Wer eine Minderjährige belästigt, wird eine Riesenschlange im Wald; der Päderast wird zum Hausschwein; der Wollüstige zum brünstigen Hengst.

Andere solcher Entsprechungen sind uns schon aus dem Gesetzbuch des Manu bekannt, wo auch schon, wenn auch noch nicht so ausführlich wie hier, die gleiche Ansicht einer Entsprechung zwischen Frevel und Wiedergeburt vertreten wurde.

Vishnu läßt die Wesen durch seine Zauberkraft (Maya) „wie ein Schöpfrad" kreisen, „bald auf Erden, bald in der Hölle, von den Fesseln des Karma umstrickt", denn: „Mit Notwendigkeit muß man die Folgen der begangenen Taten tragen, der guten wie der bösen; nicht ausgekostetes Karma schwindet nicht, selbst in Milliarden von Weltperioden" (Übersetzung Abegg).

3.2.1.2 *Rettung aus der Hölle durch Karma-Übertragung: Vipaścit im Jenseits.* Wenn die Art der künftigen Wiedergeburt von der moralischen Qualität der jetzigen Taten abhängt, dann ist das Schicksal des Menschen ganz in seine eigenen Hände gelegt. Das Individuum bestimmt über das Karmagesetz sein Schicksal selbst, ohne daß eine äußere Instanz, etwa auf dem Gnadenwege, Einfluß nehmen könnte. Doch dieses Prinzip der Selbsterlösung ist in manchen hinduistischen Glaubensrichtungen nicht streng durchgehalten worden. Vielleicht unter dem Einfluß der mahayanabuddhistischen Lehre von den mitleidigen Bodhisattvas haben besonders die theistischen Systeme des Hinduismus Vorstellungen entwickelt, in denen das Prinzip der Selbsterlösung erweitert wird um das der Fremderlösung. Diese geschieht auf dem Wege der Karmaübertragung: Ein mildtätiges Wesen, reich an guten Werken, läßt sein religiöses Verdienst aus Mitleid anderen zugute kommen, um sie vor grausamer Höllenpein zu bewahren. Der gnadenreiche Retter ist entweder – so in der Bhakti-Frömmigkeit – Gott selbst oder, wie im Falle des Königs Vipaścit, ein besonders gütiger Mensch.

Das Markandeya-Purana, ein anderes Purana, das sich in ausführlichen Jenseitsschilderungen ergeht, erzählt die Geschichte dieses Königs folgendermaßen (ich gebe eine kurze Inhaltsangabe):

Vipaścit, tugendhafter König des Landes Videha, findet sich, von Yamas Boten geleitet, in der Hölle wieder. Bestürzt über die Greuel, die er hier zu sehen bekommt, begehrt er zu wissen, durch welche Verfehlung er, der Reine, sich den Aufenthalt hier erwirkt habe. Sein Jenseitsführer beruhigt ihn: wegen einer unbedeutenden Unterlassungssünde mußte er nur kurz der Hölle ansichtig werden und kann sich jetzt gleich wieder auf den Weg in den Himmel machen, um die Früchte seiner guten Taten zu genießen. Sein Vergehen sei gewesen, daß er einmal, als seine Ehegattin empfängnisbereit auf ihn wartete, seinen Samen bei einer anderen Schönen vergeudet habe und so seinen Ahnen gegenüber schuldig geworden sei, indem er eine Gelegenheit zur Erhaltung der männlichen Erblinie ungenutzt ließ. Vipaścit will die Hölle schon wieder verlassen, als die Verdammten ihn anflehen, er möchte noch bleiben, seine Anwesenheit lindere ihre Qualen. Auf seine verwunderte Frage, wie dies zu erklären sei, erfährt er, daß der Schatz seiner verdienstvollen Werke so groß sei, daß er sogar diesen Sündern hier zugute komme. Da beschließt Vipaścit, auf die Genüsse der Seligkeit zu verzichten. Denn größer noch sei das Glück, Gequälte von ihrem Leid zu erlösen. Selbst die herbeigeeilten Götter Yama und Indra können ihn nicht von seinem Entschluß abbringen. Vipaścit bittet Indra, den Gott der Krieger, daß seine guten Taten auf die armen Sünder übertragen würden. Indra gibt nach; jedoch läßt er Vipaścits Verdienst dadurch nicht erschöpft sein, im Gegenteil, er hat noch neues hinzugewonnen. Schlagartig werden da alle Höllenbewohner von ihren Qualen erlöst und erlangen, Vipaścit eingeschlossen, sofort eine ihren Taten entsprechende Wiedergeburt.

3.2.2 Das Schicksal der Guten

3.2.2.1 Das Paradies der Uttarakurus. In gleicher Weise, wie die Bösen nach der Erduldung der Höllenqualen noch nicht sofort in einer günstigen Existenz wiedergeboren werden, sondern zunächst noch einige widrige Daseinsformen, etwa als Tier, durchlaufen müssen, kehren auch die Guten nach dem Genuß der himmlischen Seligkeit nicht unbedingt gleich wieder in einen menschlichen Schoß zurück; vielmehr reicht ihr gutes Karma noch aus für einen Aufenthalt in einem Paradies, beispielsweise dem der Uttarakurus. Dieses wird, wenn wir uns erinnern, im Rahmen des späthinduistischen Weltbildes ganz im Norden des Zentralkontinentes Jambudvipa lokalisiert; es bildet den nördlichen Gegenpol zum südlichen Indien.

Das Mahabharata, das umfangreichste der Sanskritepen, gibt folgende Schilderung dieses Paradieses (6,8,2–11; 18–24):

„Im Süden des Nilaberges und an der Nordflanke des Berges Meru liegen die glücklichen Gefilde der Uttarakurus, die von den Vollendeten bewohnt werden. Dort gibt es Bäume mit süßen Früchten, die ständig Blüten und Früchte tragen; gibt es wohlriechende Blumen und leckere Früchte. Einige Bäume dort tragen alle Früchte, die man sich wünscht; andere Bäume dort heißen Milchbäume. Sie spenden stets Milch und nektargleiche Nahrung von sechserlei Geschmack, und in den Früchten kommen Kleider und Schmuckstücke zum Vorschein. Der ganze Boden besteht aus Edelsteinen und feinem, goldenen Sand. Überall ist er angenehm weich und frei von Schmutz. Alle Menschen, die aus den Götterwelten abgeschieden sind, werden dort geboren. Alle sind gleichermaßen mit Schönheit und Tugend versehen, ob sie sich nun ähnlich sehen oder nicht. Sie werden als Zwillingspaare geboren, die Frauen gleichen Apsarasen (Nymphen); sie trinken die nektargleiche Milch der Milchbäume. Ein Zwillingspaar, das geboren wird, das wächst ganz gleich heran, in gleicher Weise mit Schönheit und Tugend versehen, und auch mit gleicher Tracht. Sie sind ineinander verliebt wie der Cakravaka-Vogel. Sie sind frei von Krankheit, frei von Schmerz, stets frohen Sinnes; zehn Jahrtausende und zehn Jahrhunderte leben sie, und sie verlassen einander nicht. Bharunda genannte Vögel, mit scharfen Schnäbeln, von großer Kraft, die tragen die Gestorbenen fort und werfen sie in Höhlen... Im Süden des Berges Nila, aber im Norden des Berges Nishadha, gibt es den großen, ewigen Jambubaum (eugenia jambolana) namens Sudarśana. Er trägt alle Früchte, die man sich wünscht, ist voll religiösen Verdienstes; Vollendete und himmlische Sänger werden bei ihm angetroffen. Nach ihm ist das ewige Jambudvipa benannt. Er ist 1100 Meilen hoch, der König der Bäume, und berührt den Himmel. 1115 Ellen aber beträgt der Umfang der Früchte des Baumes, die von unterschiedlichem Geschmack sind. Wenn sie auf die Erde fallen, gibt es ein gewaltiges Dröhnen, und sie setzen dabei einen silbernen Saft frei. Der Saft dieser Jambufrüchte wird zu einem Fluß, umfließt den Berg Meru, wobei er ihm die rechte Seite zukehrt, und gelangt zu den Uttarakurus. Erfreut trinken die Bewohner diesen Saft dauernd. Da sie diesen Fruchtsaft trinken, macht das Alter ihnen nicht zu schaffen."

Dieses Motiv der Gefilde der seligen Uttarakurus findet sich auch im modernen Hinduismus wieder. Selbst der Hindi-Romancier Rahula Sankrityayana, der dem Hinduismus eher fernsteht, der vielmehr in seinem historischen Roman „General Singh" eine Synthese buddhistischer und sozialistischer Gedanken anstrebt, läßt einen Helden seines Romans eine Reise in dieses fiktive nördliche Paradies unternehmen. Der Held hat über dieses Land vorher folgendes gehört (das er jedoch als Ammenmärchen abtut): „In Uttarakuru ist die Wohnung der Götter. Dort ist der Aufenthaltsort auf der Erde, wo die Götter in ihrem materiellen Körper wohnen. Sie können fliegen, bis zu fünf Yojanas (etwa 70 Kilometer) ihres Landes; es gibt einen Zauber, nach dem ein Mensch, der dorthin gelangt, in einen Baum verwandelt wird" (Übersetzung Hildegard Fischer). Im übrigen greift Sankrityayana diese Paradiesvorstellung auf, um die Utopie eines ursprünglich sozialistischen Landes zu entwerfen, in dem alle Menschen gleich sind, es keinen Privatbesitz gibt, den Leuten alles gemeinsam gehört usw. Selbst die Idee der freien Liebe, die unter diesen Seligen herrscht, hat sich erhalten, wenn auch nicht als Zwillingsinzest, sondern in der Form allgemeiner Promiskuität: „Dort ist jede Göttin frei. Sie ist niemandes Gattin. Sie ist eine herumfliegende Biene im Lotosteich, und sie hat die Freiheit, nachts in jeden von ihr gewünschten Lotoskelch eingeschlossen zu werden. Auch die Götter sind in jeder Hinsicht frei. Kein Gott hat seinen eigenen Sohn oder kann einen Sohn für sich beanspruchen, da sie zu verschiedenen Zeiten mit verschiedenen Göttinnen schlafen... Ich hatte beobachtet, daß kein Gott, der ein Götterkind sieht, weitergeht, ohne es auf seinen Schoß zu nehmen und ihm einen Kuß zu geben. In diesem Augenblick fühlt er dieselbe Zuneigung, die ein Vater seinem eigenen Kind gegenüber empfindet. Zuerst erschien mir solches Verhalten etwas ungewöhnlich, doch später begann ich es völlig natürlich zu empfinden."

So spannt sich der Bogen von dem rigvedischen Yama, der als erster Sterblicher und Herrscher im Totenreich von seiner Zwillingsschwester Yami zur inzestuösen Erzeugung des Geschlechts der Sterblichen überredet werden soll, über die epische Paradiesesschilderung des Mahabharata bis hin zu der modernen Hindiliteratur, die den alten Mythos sozialutopistisch neuinterpretiert.

3.2.2.2 Der Schelm Singhavikrama überlistet den Tod. Auch die reiche indische Märchenliteratur hat sich des Schicksals nach dem Tode angenommen und – mitunter auch in humoristischer Weise – volkstümlich gestaltet. So in der Geschichte von dem ceylonesischen Dieb Singhavikrama, der dem Tod ein Schnippchen schlägt (Kathasaritsagara 12,72,319 ff.).

Singhavikrama hatte die Theorie aufgestellt, daß von allen Göttern Yama, der Totenrichter, der einzig wichtige sei. Nun lehrt aber die Erfahrung, daß in den meisten Fällen eine solch hohe Instanz schwerer ansprechbar ist als ein Subalterner. Auch läßt sich die Gesprächsbereitschaft einer Schranze durch regelmäßige Zuwendungen erhöhen. Unser Schelm opferte daher ausschließlich Yamas Sekretär Citragupta.

Citragupta, dem dies bemerkenswert vorkommt, verkleidet sich eines Tages als Brahmane, macht sich auf den Weg nach Ceylon und stattet dem Dieb einen Besuch ab, um ihn auf die Probe zu stellen. Prompt bittet der Dieb den vermeintlichen Brahmanen, zugunsten des Jenseitssekretärs ein Gebet zu sprechen, ja, er überläßt ihm sogar, als dieser zögert, seine Frau. Da kann Citragupta nicht widerstehen; die Behandlung des Schelms, der seine Leute offenbar gut kennt, schlägt an: der Sekretär verrät ihm einen geheimen, heiligen Ort, wohin die Macht des Todes nicht reicht.

Der Dieb begibt sich schleunigst auf die Rettungsinsel; doch lange kann er sich seiner Unsterblichkeit nicht freuen. Der Tod weiß dem Aufruhr zu begegnen und vermag den Empörer vermittels einer schönen Nymphe aus dem gesunden Ort hervorzulokken. Und es hilft kein Sträuben, der Dieb muß doch noch vor Yamas Tribunal.

Aber des Schelmen schlaue Rechnung geht selbst da noch auf: Der Sekretär flüstert ihm, er solle, wenn er jetzt gleich gefragt werde, ob er erst im Himmel den Lohn seiner guten Taten genießen und dann in der Hölle büßen wolle oder umgekehrt, die erste Möglichkeit wählen, also die Seligkeit auf Abruf. Im Himmel möge er dann auf die Genüsse verzichten und statt dessen durch Askese und Opfer, die ihm dort oben schon nicht allzu sauer würden, soviel Verdienst sammeln, daß sein Schuldkonto dadurch ausgeglichen wird.

So geschieht's, der Schelm führt im Himmel einen so vorbildlichen Wandel, daß es sogar den Gott Siva zu Herzen rührt, die Höllenpein bleibt ihm tatsächlich erspart, „und Yama schwieg".

3.3 Das Schicksal der Erlösten

„Ich habe vernommen, o Meer des Mitleids, wie die Seele infolge ihrer Unwissenheit dem Saṃsāra anheimfällt: jetzt möchte ich erfahren, welches Mittel es gibt zur Erlösung auf ewig." So fragt der Riesenvogel Garuda, Reittier des Gottes Vishnu, seinen Herrn eingangs des letzten Kapitels in jenem Abschnitt über das Schicksal der Verstorbenen des Garuda-Purana, der uns bereits zur Schilderung des Schicksals der Bösen diente (Abegg, S. 213 ff.). In seiner Antwort betont Vishnu zunächst erneut die Notwendigkeit der Erlösung und weist darauf hin, daß man sein so äußerst seltenes Dasein als Mensch rechtzeitig dazu benutzen sollte, der Erlösung teilhaftig zu werden. Schließlich teilt er mit, was derjenige, der schon zu Lebzeiten die erlösende Einsicht in die Identität von Ich und Welt gewonnen hat, in seiner Todesstunde tun soll, damit er das „Brahmanirvana", „jene unvergängliche Stätte", erreiche. Es fällt auf, daß (nicht nur) dieser Text, ganz im Gegensatz zu seiner früheren Ausführlichkeit bei den Höllen- und Paradiesbeschreibungen, in den Aussagen über den Zustand der Erlösten strengste Zurückhaltung übt. Hölle und Paradies stehen, so, wie sie uns geschildert wurden, dem Diesseits näher als dem Jenseits. Die hier vollbrachten Werke finden dort, dem Gesetz von der Vergeltung der Taten gemäß, ihre genaue Entsprechung. Doch diese Möglichkeit, sich bei der Beschreibung des Jenseits am Diesseits zu orientieren, entfällt, wenn es um die Darstellung des „Brahmanirvana" geht.

Diesen vom Dasein auf Erden, im Himmel und in der Hölle ganz verschiedenen Heilszustand der Erlösung hat man sich auf jeden Fall – daran kann wohl kein Zweifel bestehen – als eine endgültige Unsterblichkeit zu denken. Denn wenn alles frühere Karma durch Loslösung von der Welt, durch geistige und emotionale Indifferenz vollständig erschöpft ist, fehlt jeder Grund, erneut ins Dasein zu treten. Einigkeit herrscht in den unterschiedlichen religiösen und philosophischen Systemen des Hinduismus auch darüber, daß dieser Zustand der Erlösung dem rastlosen Durchwandern des Geburtenkreislaufs vorzuziehen sei. Das endlose Leiden des Daseins ist also in ihm überwunden. Die Vedanta-Philosophie, die auf der Alleinheitslehre der Upanishaden fußt, geht noch einen Schritt weiter und beschreibt die Allseele, mit der der Erlöste sich identisch weiß, als neben „Sein" und „Geist" auch aus „Wonne" bestehend.

Doch kehren wir zu Vishnus Belehrung an Garuda zurück. Sie kann hier als ein Beispiel hinduistischer Erlösungsvorstellungen dienen. Nach der Schilderung der Höllen und Paradiese, also des Schicksals der noch nicht Erlösten, bildet sie den Höhepunkt der Darlegungen Vishnus über das Leben nach dem Tode. Ich zitiere einige wichtige Stellen (nach Abegg, S. 215 ff.):

„Nachdem einer viererlei Leiber zu Tausenden angenommen und wieder abgelegt, wird er infolge seiner guten Taten ein Mensch; besitzt der die Erkenntnis des Brahman, so gewinnt er die Erlösung. In den 8 400 000 Leibern der verschiedenen Wesen wird die Erkenntnis der Wahrheit nicht erlangt, ohne daß man zuerst Mensch geworden ist. Irgend einmal in den Tausenden und Millionen von Geburten erlangt ein Wesen durch den Schatz seiner guten Werke menschliches Dasein. Wer wäre verworfener als einer, der das so schwer erreichbare, zur Erlösung verhelfende Menschendasein erlangt hat, und dennoch seine Seele nicht rettet?...

Solange das Leid ihn nicht bedrückt, solange kein Unglück ihn befällt, solange seine Sinne noch nicht schwach sind, soll er sein Heil bedenken. Solange dieser Leib noch besteht, soll sich der Mensch in die Wahrheit versenken; wer erst noch einen Brunnen gräbt, wenn sein Haus an allen Ecken brennt, ist übel beraten...

‚Mein (Sanskrit „*me*") ist Nachkommenschaft, mein ist ein Weib, mein sind Besitztümer und Verwandte': der so meckert (wörtlich „*me me* macht"), bringt die Zeit, der Tod, gewaltsam um, wie der Wolf die Ziege. Was morgen zu tun ist, tue man schon heute, und schon am Vormittag, was für den Nachmittag bestimmt war; der Tod nimmt ja keine Rücksicht darauf, ob ein Werk vollbracht sei oder nicht...

Der Saṃsāra ist die Wurzel alles Leidens; wer in ihn verstrickt ist, muß leiden; wer ihn aufgibt, der ist glücklich, und kein anderer...

Vernimm! Jetzt will ich dir verkünden, was der, welcher die Wahrheit erkannt hat, zuletzt tun soll, damit er die Erlösung erlange, welche den Namen Brahmanirvana trägt. Wenn seine Todesstunde gekommen ist, soll der Mensch, frei von Furcht, mit dem Schwert des Gleichmuts die Anhänglichkeit an seinen Leib und an die, welche demselben beim Leichenbegängnis folgen, seine Familie, ausrotten. Der Weise soll sein Haus verlassen, im Wasser eines heiligen Badeplatzes baden, sich an einer reinen Stelle auf einem nach Vorschrift bereiteten Sitze einsam niederlassen, im Geiste über die heilige, höchste, dreifache Brahma-Silbe (*oṃ*) meditieren, den Geist sammeln, den Atem anhalten und den Samen des Brahma, die heilige Silbe, nie vergessen. Er soll die Augen mit dem Geiste von den Sinnesorganen abhalten und die Vernunft als Wagenlenker haben; in Andacht richte er den vom äußeren Tun abgewendeten Geist auf sein herrliches Ziel. ‚Ich bin Brahma, das höchste Wesen; Brahma bin ich, die höchste Stätte': wer mit dieser Gewißheit seine Seele in der unteilbaren Weltseele aufgehen läßt, mit der einen Silbe *oṃ* das Brahma ausspricht, meiner (Vishnus) gedenkt und dann dahinfährt, seinen Leib verlassend, der gewinnt das höchste Glück, die Erlösung. Wer frei ist von Überhebung und Verblendung, wer den Fehler, an den Sinnendingen zu hängen, überwunden hat, wer dem höchsten Atma, der Weltseele, treu bleibt, wessen Wünsche erloschen sind, wer unberührt bleibt von den Gegensätzen wie Lust und Schmerz: diese von Verblendung freien gelangen nach jener unvergänglichen Stätte."

In der Bhagavadgita schließlich beschreibt der Gott Vishnu, nachdem er dem Helden Arjuna seine göttliche Gestalt in mystischer Schau offenbart hat, die durch liebevolle Hingabe (Bhakti) an Gott erreichte Erlösung als „in ihn eingehen", „zu ihm gelangen", „nachher in ihm leben":

„Du hast diese meine Gestalt geschaut, die in Wahrheit schwer zu schauen ist. Selbst die Götter begehren darnach, diese Gestalt zu sehen. In dieser Gestalt, in der du mich nun geschaut hast, kann ich weder durch die Veden, noch durch Askese, noch durch Gaben, noch durch Opfer erblickt werden. Man kann mich aber, o Arjuna, durch wankellose Hingabe an mich in dieser Weise erkennen, mich in Wahrheit schauen und in mich eingehen. Wer für mich wirkt, wer mich als sein Ziel betrachtet, wer mich verehrt, frei von Anhänglichkeit und ohne Feindschaft gegen alle Geschöpfe ist, dieser gelangt zu mir. Die alle ihre Handlungen auf mich laden, die, auf mich bedacht, über mich nachsinnend, mit unerschütterlicher Hingabe Verehrung üben, diese, deren Gedanken auf mich gerichtet sind, erlöse ich geradewegs aus dem Meere des todgeweihten Daseins. Richte deinen Geist allein auf mich, lasse deine Vernunft in mir Wohnung nehmen. Du sollst nachher in mir leben. Darüber gibt es keinen Zweifel" (Bhagavadgita 11,52–55; 12,6–8, Übersetzung Lienhard).

Der entscheidende Punkt unserer Betrachtung hinduistischer Vorstellungen vom Leben nach dem Tode war der Übergang vom linearen zum zyklischen Denken in spätvedischer Zeit. Den Auslöser dieser Entwicklung darf man in dem Gedanken des jenseitigen Wiedertodes suchen, der der Vorstellung eines ewigen Lebens im Jenseits ein Ende machte. In der Lehre von der Wiederkehr heißt das entscheidende Gegensatzpaar nicht mehr Diesseits und Jenseits, sondern Saṃsāra und Erlösung, also Wiedergeboren-Werden und Nicht-mehr-Wiedergeboren-Werden. Der Bereich des Diesseits bekommt eine neue Dimension: Er umfaßt nicht mehr nur das Leben vor dem Tode, sondern auch das Leben des Nichterlösten – und dazu gehört die überwiegende Mehrzahl aller Geschöpfe – nach dem Tode.

Der eingangs festgestellte Satz, Streben nach Heil bedeute den Versuch, den Tod zu überwinden, muß mit dem Aufkommen des zyklischen Denkens neu, umfassender, formuliert werden. Religion, also das Streben nach Heil, bedeutet nun, Leben und Tod zu überwinden. Jenseits, wenn es total verschieden sein soll vom Diesseits, ist jetzt nur noch der Zustand des Erlösten vor und nach dem Tode. Die Jenseitsfrage, die für den Hindu letztlich ausschlaggebend ist, lautet nicht mehr: was geschieht mit mir nach dem Tode? Das ist einfach zu beantworten: es hängt von meinen jetzigen Taten ab: Ich erlange entweder gute oder schlechte Wiedergeburt; ich weiß also schon jetzt, was mich nach dem Tode erwartet. Das letzte Ziel ist nunmehr die Erlösung.

Wenn man so will, bedeutet dies eine auf meditativem Wege erreichte subjektive Überwindung des Todes: die Erlösung von der Todesangst, eine Gleichgültigkeit dem Tode gegenüber, die allerdings um den Preis der Indifferenz auch dem Leben gegenüber erkauft wird.

LITERATURHINWEISE

Abegg, E., Der Pretakalpa des Garuda-Purana. Eine Darstellung des hinduistischen Totenkultes und Jenseitsglaubens, Berlin 1956.

Caland, W., Altindischer Ahnencult, Leyden 1893.

–, Die altindischen Todten- und Bestattungsgebräuche, Amsterdam 1896.

Deussen, P., Sechzig Upanishad's des Veda, Leipzig 1921. *Encyclopaedia of Religions and Ethics,* Artikel: Blest, Abode of the (Hindu); Cosmogony and Cosmology (Indian); Death and Disposal of the Death (Hindu); State of the Dead (Hindu); Vedic Religion, Death and Future Life. hrsg. von J. Hastings, Edinburgh 1908.

Gonda, J., Die Religionen Indiens, I: Veda und älterer Hinduismus (Die Religionen der Menschheit 11), ^{2}1978, Stuttgart u. a., bes. S. 130–138.

Kirfel, W., Die Kosmographie der Inder, Leipzig 1920.

Lommel, H., Bhrigu im Jenseits, Paideuma, Bd. 4, 1950. Nachtrag dazu in Paideuma, Bd. 5, 1952 (dazu auch E. Canetti, Masse und Macht, Fischer TB 6544, S. 361–364).

Macdonell, A. A., Vedic Mythology, Strassburg 1897, bes. S. 167–174.

Manusmṛti, The Laws of Manu, trsl. by G. Bühler (Sacred Books of the East 25), Reprint Delhi 1964.

Śatapatha-Brahmana, trsl. by J. Eggeling, 5 Bde. (Sacred Books of the East 12, 26, 41, 43, 44), Reprint Delhi 1963.

Scherman, L., Materialien zur Geschichte der indischen Visionslitteratur, Leipzig 1892.

Schneider, U., Yama und Yami (RV X 10), Indo-Iranian Journal Bd. 10, 1967–68, S. 1–32.

Somadeva, Kathasaritsagara, trsl. by C. H. Tawney, Reprint Delhi 1968, bes. Bd. 4, S. 92 ff.

ERHARD MEIER

Die Nachtod- und Wiedergeburtsvorstellungen im Buddhismus

Die buddhistische Religion, d.h. die Lehre des historischen Buddha und die darauf aufbauende religiöse Tradition, hat ganz bestimmte, teilweise präzise Vorstellungen über das Leben nach dem Tod entwickelt. Wenn man die Gesamtheit des Buddhismus betrachtet, in allen seinen Ausformungen, ungeachtet der ohnehin kaum zu beantwortenden Frage, welche Form die dem sogenannten Urbuddhismus nächste sei, so fallen zwei Traditionen besonders auf, die die hier gestellte Frage beantworten:

1. Die Nachtod-Vorstellungen oder besser -Lehren, wie sie vor allem in der tibetischen Form des Buddhismus entwickelt sind. Es sind Lehren über einen Zwischenzustand, der nach dem leiblichen Tod und vor der Wiedergeburt oder der Befreiung anzusiedeln ist.

2. Die Wiedergeburtslehre an sich, wie sie in abstrakter Form in der sogenannten südlichen Schule des Buddhismus geglaubt wird, im Theravāda, und ihre variierte Form, die im Mahāyāna entwickelt wurde.

In einem dritten Teil soll in dieser Darstellung eine Betrachtung angeschlossen werden, die über das rein Informelle hinausgeht und den Zusammenhang mit dem existentiellen, menschlich unabweisbaren Fragen nach den Nachtod-Lehren herstellt. Der Begriff Nachtod wird hier gewählt, einmal in Anlehnung an das unter 1. zu besprechende Buch, dann auch deshalb, weil die Formulierung „Leben nach dem Tod" in sich schon eine Fehlerquelle darstellt, ist doch der Begriff „Leben" schon mit festen Vorstellungen verknüpft, die auf dem Boden des leiblichen Lebens mit seiner Zeit-Struktur und Raum-Struktur gewachsen ist. Nachtod ist dagegen zunächst wertfrei, da dieser Begriff nichts weiter aussagt als das, was nach dem leiblichen Tod kommt, was es auch immer sei.

Die beiden Bereiche, die hier zur Sprache kommen sollen, sind immer im Gesamtzusammenhang mit der gesamten Lehre des Buddhismus zu sehen. Hierauf muß ausdrücklich hingewiesen werden. So gut es möglich ist, werden Erläuterungen gegeben, doch empfiehlt es sich, den Gesamtkomplex einmal anderweitig nachzulesen.

Bereits die Begriffe Tod und Leben haben im Buddhismus eine andere Wertung. Es werden damit andere Bilder, andere Gedanken verbunden, als es der Mensch der westlichen Hemisphäre tut. Einen kleinen Einblick in diese Denkart vermag dieser Beitrag vielleicht zu geben. Im Laufe der Erläuterungen werden hier und da kurze gedankliche Exkurse unternommen.

1. Die Nachtod-Lehren

Besonders deutlich treten Nachtod-Lehren innerhalb des Buddhismus im tibetanischen Totenbuch hervor. Dieses zu betrachten ist in diesem Zusammenhang unbedingt angezeigt, gibt es doch auf eine sehr unmittelbare Weise Lehren und Einblicke in die Zustände der „Seele" nach dem leiblichen Tod. Anstelle des Begriffs „Seele" soll fürderhin der Begriff „Bewußtseinsprinzip" stehen. Ebenso wie „Tod" und „Leben" ist auch „Seele" ein Begriff, der so eng verflochten ist mit der geistigen Entwicklung und Kultur des Abendlandes, daß er in diesem Zusammenhang einfach nicht anwendbar ist. Außerdem ist so der großen Gefahr gewehrt, daß die Lehren des Bardo-Thödol (bardo thos-grol; das Buch der „spontanen Befreiung", thosgrol, vom „Zwischenzustand", bardo) auf verfälschende und simplifizierende Weise mit Gedankengut und Denkbahnen des uns vertrauten, westlichen Denkens übernommen werden. Vielmehr kostet die Beschäftigung mit diesem Bereich etwas Anstrengung im Umdenken. Der Bardo Thödol steckt, wie das ägyptische Totenbuch, voller Symbolik, deren Gehalt nur schwer zugänglich ist. Hier soll die Vielfalt der Symbolismen und verwirrende Masse der Bilder, welche tiefenpsychologische Wurzeln haben, weitgehend unberücksichtigt bleiben, um die Ausführungen auf das gebotene Maß knapp zu halten. Aber selbst unter Absehung dieser symbolhaften Schicht des Buches muß bedacht werden, daß die Lehre vom Bardo auf einem buddhistischen metaphysischen Hintergrund zu sehen ist.

Das Buch richtet sich mit seinen Belehrungen an zwei Personen gleichzeitig, an einen Sterbenden und dann Toten sowie an einen Vorleser. Es ist so aufgebaut, daß dem Vorleser Hinweise und Anweisungen gegeben werden, wie er unter den gegebenen Bedingungen des Sterbens und dann des Fortschritts der Tage nach dem leiblichen Tod zu verfahren hat. Es wird dann jeweils zitiert, was er zu dem Zuhörenden (entweder sterbend oder bereits klinisch tot) zu sprechen hat. Man geht davon aus, daß ein Toter (ein Sterbender sowieso) in der Lage ist, die Anweisungen und Belehrungen, die der Vorleser ihm gibt, zu hören und zu verstehen, auch dann, wenn das physische Hörorgan, das Ohr, vom medizinischen Standpunkt aus nicht mehr funktionieren kann. Sowohl die Anweisungen des Buches an den Vorleser als auch die an den Toten sind sehr umfangreich und detailliert. Im folgenden soll von den Détails weitgehend abgesehen werden. Was jedoch bemerkenswert und bedenkenswert erscheint, kommt mit zur Darstellung.

Die Person des Vorlesers muß bestimmte Voraussetzungen mitbringen. Die beste ist, daß der Vorleser ein Lama ist, also ein in der Lehre fortgeschrittener buddhistischer Mönch, und zugleich der Guru (Lehrer) des Verstorbenen. Dies ist jedoch nicht immer gegeben. Deshalb gelten noch folgende Möglichkeiten: Der Vorleser kann ein Lama sein, der nicht zugleich Guru des Verstorbenen ist, er kann ein in der Lehre bewanderter Mann sein, der nicht unbedingt Lama ist. Solch ein Mann muß allerdings den Verstorbenen gut kennen, sollte möglichst ein Verwandter sein oder aber mindestens ein guter Bekannter.

Für den Verstorbenen gelten folgende Vorschriften: Er muß dem Vorleser gegenüber aufrecht hingesetzt werden. Das Vorlesen gilt als ein Von-Angesicht-zu-Angesicht-Setzen, d. h., der Verstorbene wird der Lehre, und damit der letzten Wahrheit, mit der er im Zwischenzustand konfrontiert wird, gegenübergesetzt. Auch hier sind unter erschwerten Bedingungen andere Maßnahmen zu ergreifen. Zum Beispiel kann der Verstorbene, seine Leiche, nicht verfügbar sein, etwa im Falle der Verschollenheit. Dann hat der Vorleser die Aufgabe, mit hoher Konzentration sich den Toten gegenübersitzend vorzustellen. Es gilt die Auffassung, daß der Tote dann tatsächlich, wenn auch nicht sichtbar körperlich, gegenübersitzt und zuhört.

Der Sinn des Vorlesens ist der, daß der Tote, während er im Zwischenzustand wandelt, möglichst die im Buddhismus allgemein angestrebte Befreiung erlangt, die Befreiung im Nirvana (nirvāṇa). Es wird immer damit gerechnet, daß der Tote die Befreiung vielleicht doch nicht erlangt, trotz aller Belehrungen und führenden Hinweise. Dann ist das Buch darauf abgestimmt, dem Bewußtseinsprinzip eine günstige Wiedergeburt zu ermöglichen, ebenfalls durch führende Hinweise und Anleitungen. Die vorzulesenden Texte sind also eine Art Führer für jemanden, der sich in einem fremden Land befindet und die Wege nicht kennt, dem auf der Wanderschaft viele unbekannte Begegnungen widerfahren, die er nicht einzuordnen weiß. Die Leitung durch den Vorleser ermöglicht ihm, den richtigen Weg zu finden sowie die Widerfahrnisse recht einzuordnen und entsprechend richtig zu handeln. Dieses fremde Land und die unbekannten Widerfahrnisse sind das, was den Zwischenzustand zwischen Tod und Wiedergeburt kennzeichnet. Um dies zu verdeutlichen, kann man den Zwischenzustand mit der Umkehrung einer Geburt beschreiben: Das soeben geborene Kind braucht viel Anleitung und Führung, um sich in der Welt zurechtzufinden, in die es hineingeboren ist. So bedarf auch der Tote der Anleitung und Führung, wenn er in die ihm völlig unbekannte Welt des Nachtodes hineingeworfen wird. In beiden Fällen geschieht der Übergang unfreiwillig.

Das wandernde Bewußtseinsprinzip wird mit Begegnungen und Widerfahrnissen konfrontiert, die es von sich aus nicht zu deuten weiß und mit denen es nichts anzufangen weiß. Die Gefahr, falsch zu reagieren, ist immens groß. Diese Gefahr besteht selbst für solche Verstorbene, die im Laufe ihres Lebens bereits Kenntnis von der Wissenschaft vom Tode erlangt haben, die in der Lehre des Buddha fortgeschritten sind.

Deshalb wird das Buch immer wieder als vom hohem Wert gepriesen. Es bietet der Seele in gewisser Weise die letzte Chance, ihr kosmisches Geschick, ihr Weltendasein zu einem guten Ausgang zu führen. Über den leiblichen Tod hinaus wird die Wissenschaft von Leben und Tod, wird die Weisheit des Buddha für die Wesen – in diesem Fall für die Lebensform Mensch – positiv wirksam.

Dies anschaulich zu machen, ist die Aufgabe der folgenden Ausführungen.

Das tibetanische Totenbuch, der Bardo Thödol, ist in drei sogenannte Bardos unterteilt, also in drei Zwischenzustände, die aufeinander folgen. Es handelt sich um den Tshikhai-Bardo, den Tshönyi- und den sipa-Bardo. Hierauf folgt eine Sammlung von Gebeten und Litaneien, genannt der „Pfad der guten Wünsche" sowie eine Schlußbemerkung über den außerordentlichen Wert dieses Buches.

Der erste Bardo, Tshikhai, der Bardo der Augenblicke des Todes, belehrt die Seele über ihren Zustand und darüber, daß sie sich von ihrem vorangegangenen leiblichen Leben endgültig trennen muß, ferner wird sie über das Urlicht belehrt, über sein Wesen und seine Bedeutung. Der zweite „Bardo des Erlebens der Wirklichkeit" gibt Auskunft über die vielen Gottheiten, die der Seele begegnen, und über das richtige Verhalten ihnen gegenüber. Der dritte „Bardo der Nachtod-Welt und des Vorgangs der Wiedergeburt" gibt Auskunft über den Bardo-Körper, also über die Art des Seins im Bardo, und über die damit verbundenen Möglichkeiten und Fähigkeiten. Außerdem gibt er Anweisungen für ein richtiges Verhalten in dem Fall, daß eine ursprünglich nicht angestrebte Wiedergeburt unvermeidlich ist. Der „Pfad der guten Wünsche" beinhaltet Gebete, die während des Rituals je nach Bedarf gelesen werden sollen, als Zusatz zu der Vorlesung des Bardo Thödol.

Damit ist das Buch in groben Zügen umrissen. Bevor in das Detail gegangen wird, müssen noch einige Gedanken vorausgeschickt werden. Der Bardo Thödol repräsentiert den Buddhismus in einer ganz bestimmten Weise. Da diese Religion in sich sehr vielfältig ist, gibt es verschiedene Richtungen und Meinungen über die Standpunkte der Lehre des Buddha. Dieses Buch ist in die Richtung des Vajrayāna einzuordnen. Dieser Zweig des Buddhismus wird oft, nicht ganz richtig, als Lamaismus bezeichnet. Das Vajrayāna kann in den großen Zweig des Mahāyāna eingeordnet werden. Dem gegenüber steht das Hīnayāna, welches genauer mit dem Begriff Theravāda bezeichnet werden sollte[1]. Der Theravāda, der in den Ländern Sri Lanka, Burma und Thailand hauptsächlich vertreten ist, anerkennt das tibetanische Totenbuch nicht als maßgebend für die Nachtod-Ereignisse. Dennoch ist der Bardo

Thödol als typisch buddhistisch anzusehen, bezieht er sich doch immer wieder auf den Begriff der „Leerheit", der für die Philosophie des Mahāyāna zentral ist. Einige Forscher wollen in dem Buch Elemente der ursprünglichen Religion Tibets, der Bon-Religion, entdeckt haben. Die Richtigkeit solcher Meinungen soll hier nicht bezweifelt werden. Dennoch bleibt unbestritten, daß der Bardo Thödol aufgrund seiner zentralen Aussagen, etwa hinsichtlich der Art der Befreiung aus dem Geburtenkreislauf, typisch buddhistisch ist. Darüber hinaus ist es sicher nicht falsch, es als ein Weisheitsbuch der Menschheit zu betrachten, d. h. eine Weisheitsverkündigung, die mit hoher Wahrscheinlichkeit universalen Charakter hat. Das Vajrayāna ist heute offiziell nicht mehr in Tibet vertreten, wohl aber in Nepal, Bhutan, Sikkim, und seit dem Exil-Aufenthalt des XIV. Dalai Lama, Tenzin Gyatsho, in Nordindien, mit dem Zentrum Dharamsala. Soviel sei gesagt zu der äußeren Abgrenzung des Bardo Thödol.

Das auf Schriftrollen in tibetischer Sprache abgefaßte Werk weist auch einige kunstvolle Zeichnungen auf, vornehmlich Mandalas, die jeweils Bezug nehmen auf den begleitenden Text. Das Buch richtet sich, wie gesagt, vorrangig an den Vorleser, dann an den Sterbenden und Toten mit Texten und Worten, die der Vorleser dem Toten vorträgt. Zunächst erfolgen Anweisungen für den Vorleser, wie er einen sterbenden Menschen hinsichtlich des Stadiums des Sterbens zu beurteilen hat. Das Sterben wird als ein Vorgang aufgefaßt, der schrittweise vonstatten geht und über den physischen Tod hinaus ebenfalls fortfährt. Der physische Tod ist eine Tür, durch die der Mensch hindurchschreitet und in einer anderen Seinsform anlangt. Der Sterbende wird ständig auf seinen Zustand aufmerksam gemacht, d. h., sein Zustand wird durch den Vorleser gedeutet, erläutert, eingeordnet. Damit wird bezweckt, daß der Sterbende ständig über seinen Zustand Klarheit hat, und darauf kommt es wesentlich an. Es könnte der Sterbende in einer geistigen Umnachtung sein oder in einer ohnmachtsähnlichen Verfassung. Für diesen Fall gilt die Auffassung, daß, wenn nicht der Geist als Intellekt, so jedenfalls das Bewußtseinsprinzip in der Lage ist, die Unterweisungen des Vorlesers zu vernehmen und zu verfolgen, auch dann, wenn nach medizinischem Ermessen ein Hören mit dem Ohr nicht mehr möglich ist. Der Sterbende wird darauf hingewiesen, was im folgenden geschieht und geschehen kann, und vor allem daran erinnert, daß die Befreiung im Nirvana anzustreben ist. Der Vorleser beobachtet und prüft den Zustand des Sterbenden. Es werden im Buch Angaben gemacht, die auf Kenntnissen der tibetanischen Medizin beruhen[2] und dem mit der Materie nicht vertrauten westlichen Menschen sonderbar erscheinen mögen. Es werden Symptome beschrieben, an welchen der Vorleser das Stadium des Sterbens genau erkennen kann, schließlich auch, wann der Sterbende als im physischen Sinne tot zu betrachten ist. In einem bestimmten Moment, wenn sich der Übergang vom Leben zum Tod vollzieht, sagt der Vorleser zum Sterbenden/Toten: „O Edelgeborener (so und so mit Namen), jetzt ist die Zeit gekommen, wo du den Pfad der Wirklichkeit suchst. Dein Atem hört gleich auf. Dein Guru hat dich von Angesicht zu Angesicht gesetzt mit dem klaren Licht, und du bist jetzt im Begriff, es in seiner Wirklichkeit im Bardo-Zustand zu erfahren, worin alle Dinge wie der leere, wolkenlose Himmel sind, und der nackte, fleckenlose Geist wie ein durchsichtiges Vakuum ohne Umkreis oder Mittelpunkt. In diesem Augenblick erkenne dich selbst und verharre in diesem Zustand."[3]

Der Augenblick des Sterbens, der Übergang von der einen in die andere Seinsweise, nämlich in die des Bardo-Seins, wird in seiner Wichtigkeit gewürdigt. ‚Erkenne dich selbst' ist eine Aufforderung, die in der Philosophie und im Denken der Menschheit bekannt ist. Dieser Satz, den Sokrates als Motto seiner Unterweisung gesagt hat, dessen Tragweite von nicht meßbarer Bedeutung für die Kultur des Denkens der Menschheit war und ist, findet sich auch hier an der wichtigen Stelle des Übergangs vom Leben zum Tod.

Die Begriffe des klaren Lichts und der Leere sind zentral in diesem Zusammenhang sowie für die buddhistische Richtung des Mahāyāna insgesamt. Sie sind der Schlüssel für das Verständnis von Leben und Tod im Buddhismus. Bemerkenswert ist die Anrede und die Belehrung des Toten: „Dein Atem hört gleich auf." Keine Beschönigung findet sich hier, keine falsche Scheu vor dem unerwünschten Tod, kein falsches Ablenken von einem eventuell jammervollen Zustand des Sterbenden, sondern im Gegenteil: dem Sterbenden wird nachdrücklich bewußt gemacht, daß er nun sterben wird. Es wird großen Wert auf die Bewußtmachtung und Bewußtwerdung gelegt. Es geschieht in der Absicht, den Sterbenden mit der vollen Realität zu konfrontieren, ihm Bewußtseins-Klarheit über seine Situation zu verschaffen. Dies hilft ihm, die Dinge, die ihm nun widerfahren, die er nun erlebt, recht einzuordnen und sich richtig im Sinne auf die Befreiung hin zu verhalten.

Die Anrede bezieht sich auf die vorhergehende Unterweisung in der buddhistischen Lehre durch einen Guru, einen religiösen Lehrer. In dieser Unterweisung ist das Totenbuch bereits einer Betrachtung unterzogen worden. Der Sterbende wird nun erinnert, vor allem an die Lehre von dem Klaren Licht und der Leerheit. Dies geschieht in dem Wissen, daß der Sterbende oft keine ausreichende Geistes- und Verstandesklarheit besitzt, um diese wichtigen Lehren im Moment des Sterbens präsent zu haben. Selbst im Falle irgendwelcher Ohnmachtszustände hilft ihm aber das Vorlesen der bereits zu Lebzeiten gelernten und verinnerlichten religiösen Wahrheiten, seinen Zustand in den Griff zu bekommen. Wie oben bereits erläutert, gilt die Auffassung, daß selbst bei physiologisch ausgeschaltetem Intellekt das Bewußtseinsprinzip dennoch in der Lage ist, die Lehren aufzunehmen. Für den Zeitpunkt, da der Atem fast aufhört, heißt es im Totenbuch: „In diesem Augenblick wird der Bardo des Klaren Lichtes der Wirklichkeit, der der unfehlbare Geist des Dharmakāya ist, von allen lebenden Wesen zuerst erblickt."[4] An dieser Stelle gibt es zwei wichtige Empfehlungen an den Sterbenden. Wenn der Sterbende in der Meditation geübt ist, soll er im Moment des Erblickens des Klaren Lichtes in einen meditativen Zustand eingehen. Wenn er nicht in der Meditation geübt ist, so soll er vertraute Gebete „sprechen" und sich an vertraute religiöse Praktiken erinnern und eine innere fromme Haltung einnehmen: „... sollst du dich an jedwede fromme Übung erinnern, die du während deiner Lebenszeit auszuüben gewohnt warst. – Wenn der Vorleser dies sagt, soll er seine Lippen nahe an das Ohr des Sterbenden bringen und es deutlich wiederholen und es klar einprägen, um zu verhindern, daß seine Gedanken auch nur einen Augenblick abschweifen."[5] Der Sinn dieser Empfehlung geht bereits dahin, Befreiung zu erlangen und in jenes „Klare Licht des Ursprungs" einzugehen.

An dieser Stelle weiß das Buch, daß dieses Eingehen in das Klare Licht und damit in die Befreiung vom Bewußtseinsprinzip nicht so leicht zu vollziehen ist. Es muß eine echte Erfahrung sein, die hierin zum Ausdruck kommt, eine Erfahrung, die nach Ansicht der Lamas durch Jahrtausende hohen Wissens über Leben und Tod von Wissenden gemacht wurde, die vielleicht solchen Durchgang durch den Bardo nachträglich berichten konnten.

Das Buch gibt die Anweisung, daß also das Eingehen in das Klare Licht der Wirklichkeit wahrscheinlich nicht vollzogen worden ist und daß der Vorleser mit den Unterweisungen fortfahren soll. Das Bewußtseinsprinzip ist allzu leicht ablenkbar von anderen Erscheinungen, die bereits ihre Gegenwart anmelden, noch während das Klare Licht erscheint. Das Bewußtseinsprinzip neigt dazu, eher der ablenkenden Erscheinung zu folgen, da diese angenehmer zu sein scheint. Dies ist darin begründet, daß der Tote zu Lebzeiten unter der Verdunklung karmischer Formationskräfte gestanden hat. Die Nachwirkung hiervon besteht darin, daß das Bewußtseinsprinzip nicht in der Lage ist, das Klare Licht als das zu erkennen, was es eigentlich ist. Es erscheint „verdunkelt" in seiner Wirklichkeit, in seinem eigentlichen Sein. Diese „karmische Verdunklung" ist eine Grundstruktur während des gesamten Bardo. Sie bewirkt stets, je nach dem Grad dieser Verdunklung, daß das wandernde Bewußtseinsprinzip das Klare Licht der Wirklichkeit in seinen vielfältigen Erscheinungen nicht erkennt, es verkennt und sich anderen, in die Irre leitenden Erscheinungen zuwendet.

Die karmische Verdunklung besteht darin, daß der Erkenntnisgrad der Seele in dem Maße verringert ist und dadurch eben verdunkelt, in welchem sie während des Lebens im karmischen Sinne unheilsame Taten beging. Taten sind hier zu verstehen als Verhaltensweisen auf der Ebene des Denkens, Sprechens und Tuns. Karmisch unheilsam sind sie, wenn sie das im Buddhismus anerkannte allgemeine Leiden aller Wesen nicht verringern, sondern vermehren. Äußerlich handelt es sich um ethisch schlechtes Verhalten. Je schlechter also das Karma (sanskrit: karman) während des Lebens gestaltet ist, um so schlimmer ist die Verdunklung der Erkenntnisfähigkeit des Bewußtseinsprinzip, welches durch den Bardo wandert, von Station zu Station. Man geht also davon aus, daß üblicherweise die im Bardo widerfahrenden Bilder und Ereignisse nicht richtig gedeutet werden, daß daraufhin der richtige Schritt nicht getan wird, und daß deshalb das Bewußtseinsprinzip immer weiter umherirrt, mit einem verdunkelten Geist, scheu und beeinflußt von den ungewohnten, teils schreckenerregenden Geschehnissen, die es wahrnimmt. Immer neigt das Bewußtseinsprinzip dazu, sich den angenehmer erscheinenden Ufern zuzuwenden. Im Fortgang der Wanderung gelangt so das Bewußtseinsprinzip von Begegnung zu Begegnung in der Weise, daß es sich erschreckt und nicht wissend, was die Begegnungen bedeuten, flüchtend von einem zum nächsten Erleben flieht. Diese Erlebnisse sind Widerfahrnisse, also nicht Gegebenheiten, denen man wahlweise ausweichen kann. Die Konfrontation des Bewußtseinsprinzips mit den Widerfahrnissen und Bildern ist unumgänglich und zwingend.

Wie sehr das Bewußtseinsprinzip den Verdunklungen unterliegt, wie sehr es einer dumpfen Scheu und Schrecknis immer wieder anheimfällt, erweist die Meinung des Bardo Thödol, daß selbst die in der Lehre Erfahrenen, die im irdischen Leben große Meister und Lehrer waren, oft scheitern. Sie werden dann unweigerlich in den Sog gezogen, der sie zu einer Wiedergeburt und damit zu einer Fortsetzung des Leidens führt. Freilich wird einigen der großen Lehrer, wenn sie Heilige sind, durchaus zugestanden, daß sie wahrscheinlich gleich bei Beginn des Zwischenzustandes das Klare Urlicht recht erkennen und in Nirvana eingehen.

Der Zwischenzustand ist eine Abfolge von Widerfahrnissen, welche genau im Buch beschrieben werden. Das Klare Urlicht erscheint jeweils immer wieder in verhüllter Weise. Es muß je neu geschaut werden, um in den Frieden des Nirvana eingehen zu können. Der konkrete Zweck des Bardo Thödol besteht darin, den Weg des Bewußtseinsprinzip mit zu verfolgen und jeweils wie ein Führer Anleitungen zu geben, wie der Wandernde das jeweilige Widerfahrnis zu deuten hat, wie er im Sinne des Erlösungswillens und des Erlösungsbedürfnisses recht zu verfahren hat. Es wird immer wieder darauf hingewiesen, daß im Falle der erschreckten Abkehr von den Bildern die Gefahr immer größer wird, die Befreiung nicht zu erreichen und einer leidvollen neuerlichen Existenz entgegenzustreben.

In der ersten Stufe des Bardo (Tshikhai-Bardo) wird wiederholt auf das Wesentliche der Erkenntnis hingewiesen: auf das Charakteristikum der Leere aller Erscheinungen. Hierzu heißt es im Buch: „O Edelgeborener (Soundso), höre zu. Jetzt erfährst du die Strahlung Klaren Lichts reiner Wirklichkeit. Erkenne sie. O Edelgeborener, dein jetziger Geist, seiner wirklichen Natur nach leer, nicht zu irgend etwas wie Merkmalen der Farbe geformt, natürlicherweise leer, ist die wahre Wirklichkeit ... Dein eigener Geist, der jetzt Leere ist, jedoch nicht als Leere des Nichts zu betrachten ist, sondern als reiner Geist, unbehindert, leuchtend, glückselig, ist das wahre Bewußtsein, der ... Buddha. Dein eigenes Bewußtsein, das zu nichts geformt und in Wirklichkeit leer ist, und der erkennende Geist, leuchtend und glückselig – diese beiden sind unzertrennlich. Die Vereinigung von beiden ist der Dharmakāya-Zustand Vollkommener Erleuchtung. Dein eigenes Bewußtsein, leuchtend, leer und untrennbar von dem Großen Strahlungskörper, hat weder Geburt noch Tod und ist das unveränderliche Licht – Buddha."[6]

Der Tote wird hier mit dem Kern der buddhistischen Lehre, soweit es sich um den Zweig des Mahāyāna handelt, konfrontiert: die Leerheit (sanskrit: śūnyatā). Genauso wie im irdischen Leben alle Erscheinungen, alles Seiende in Wahrheit leer ist, wesenlos, ebenso ist folgerichtig auch alles Erscheinende im Bardo leer und wesenlos. Es handelt sich hier um eine Lehre von Identität und Nicht-Identität, welche für den einzelnen Menschen schwer zu fassen ist, geschweige denn in ihrer Wahrheit geschaut wird. Aus diesem Grunde redet das Buch immer wieder eindringlich auf das wandernde Bewußtseinsprinzip ein. Der Vorleser hofft und wünscht, daß der Verstorbene doch zu irgendeinem Zeitpunkt des Vorlesens die Wirklichkeit anerkennt und in sie eingeht, d. h. in Nirvana eingeht.

Wenn dieser Text verlesen worden ist und wenn dann die Seele vor dem Urlicht zurückgewichen ist, voller Schrecken und Furcht, dann verfällt das Bewußtseinsprinzip in einen ohnmachtähnlichen Zustand. Es fällt zurück in eine Art Tiefschlaf, aus dem es ohne jede Orientierung erwacht. Es fragt sich: „Bin ich tot, oder bin ich nicht tot? – Es kann es nicht bestimmen. Es sieht seine Verwandten und Angehörigen, wie es zuvor gewohnt war, sie zu sehen. Es hört sogar die Wehklagen ... Während dieser Pause müssen die Belehrungen durch den Lama oder den Leser angebracht werden."[7]

Danach wird der Tote wiederum aufgefordert, zu meditieren oder gewohnte religiöse Übungen durchzugehen. Es handelt sich darum, über eine Schutzgottheit zu meditieren, oder aber sich in Gebeten an diese zu wenden, in der Weise, wie derjenige es von Lebzeiten gewohnt war. Eine der bekanntesten Schutzgottheiten ist der Bodhisattva Avalokiteśvara, dem auch die heilbringende große Formel gewidmet ist, das Mantra „Oṁ Mani Padme Hūṃ". Während der Belehrung durch den Vorleser schwebt die Seele an die ihr gewohnten Plätze der früheren Tätigkeit. Zu diesem Zeitpunkt sind die karmisch bedingten Trugbilder noch nicht erschienen, und es besteht hier die letzte Chance, ohne erhebliche Mühen das Klare Licht des zweiten Bardo als die Befreiung zu erkennen und sich mit ihm zu vereinen – vorausgesetzt, daß dem Toten diese Wahrheit wirksam genug vermittelt werden kann bzw. daß er zu Lebzeiten die Wissenschaft des Todes genug studiert hat, d. h. in der Lehre des Buddha unterwiesen ist.

Das Wichtigste am Tschikhai-Bardo ist also dies: Es ist die erste Stufe des Bardo, welche noch während des Sterbens beginnt und bis zu den ersten Tagen nach dem medizinischen Tod reicht. Hier begegnen nacheinander das Klare Urlicht und dann das Klare Licht der Leere, gewissermaßen der Wirklichkeit. Die Seele muß oder sollte erkennen, daß das Klare Urlicht sie selbst ist, die absolute Leere, die aber nicht etwas Negatives an sich hat, wie es aus dieser sprachlichen Formulierung zunächst hervorzugehen scheint.

Die Schwierigkeit für die verstorbene und wandernde Seele besteht darin, diese Erscheinungen recht zu erkennen und sie recht einzuordnen. Selbst wenn sie dies aber vermöchte, so wird sie meist gehindert, entsprechend die Befreiung zu erlangen, weil die karmischen Faktoren auf ihr lasten und ihr nicht die Kraft geben. So weicht sie zaudernd und erschrocken vor dem Klaren Licht zurück und wird auf die nächste Stufe des Bardo, des Zwischenzustandes, geschleudert. Es ist der Tschönyi-Bardo, die dritte Stufe, „wenn die karmischen Schemen erscheinen"[8]. Auf dieser Stufe wird die Seele darüber belehrt, daß sie nun endgültig von der vertrauten Seinsweise des Daseins getrennt ist. Sie empfindet im Innern eine tiefe Trauer darüber und einen Schrecken, möchte sich nochmals an das vertraute Leben anklammern, doch es gelingt ihr nicht. Das Buch weist nochmals darauf hin, daß es nun erst recht wichtig ist, den Bardo dem Toten vorzulesen, da nun die vielen karmischen Trugbilder erscheinen, die die Seele verwirren und in den Geburtenkreislauf zu drängen drohen. Sie würde dann keine Befreiung erlangen, sondern weiter das leidvolle Dasein führen. „O Edelgeborener, was auch an Furcht und Schrecken über dich kommen mag im Tschönyi-Bardo, vergiß nicht diese Worte; ihren Sinn im Herzen schreite weiter: in ihnen liegt das wesentliche Geheimnis der Erkenntnis:"[9] Es folgt hier ein Gebet, eine Andacht, die eindrücklich darauf hinweist, daß alle Erscheinungen, die nun kommen mögen, Spiegelbilder des eigenen Bewußtseins sind. Sie haben keine eigene Existenz, kein eigenes Sein. Es handelt sich um sogenannte friedliche und zornige Gottheiten. Es sind die je eigenen Gedankenformen, verursacht durch das der karmischen Gesetzmäßigkeit unterworfene Bewußtsein. Diese Wahrheit ist ein wichtiger Schlüssel für die Seele. Hieran muß sie während der Wanderschaft immer wieder denken, sich verinnerlichen. Das Buch bzw. der Vorleser begleitet die Seele während der 14 Tage ihrer Wanderschaft, er macht sie bekannt mit der Art der einzelnen Gottheiten, die erscheinen. Immer wieder weist das Buch darauf hin, daß die Erscheinungen nur Schemen sind, Spiegelbilder des eigenen Bewußtseins, ihrer Natur nach leer, so wie das eigene Bewußtsein auch. Auch wird die Seele an das Klare Licht der Wirklichkeit zurückerinnert, denn nun ist sie in der Lage, die Natur des Urlichts und des Klaren Lichts besser zu erkennen. Diese Erkenntnis nützt nun nicht mehr direkt, da dieses Licht nicht zurückkehrt, aber indirekt kann es die wandernde und umherirrende Seele in der Wahrheit kräftigen, indem die Erinnerung daran, die mit mehr Erkenntnis verbunden ist, der Seele besser den Weg weist.

Wenn das Bewußtseinsprinzip, hier in diesem Bardo genannt der Geistkörper der Neigungen (welche aus der saṃsārischen Existenz, aus karmischer Ursache entstehen), diesen friedlichen und zornigen Gottheiten begegnet, so irrt sie angstvoll und verwirrt von einer zur anderen Erscheinung. Das Buch macht deutlich, daß es der Seele offenbar schwerfällt, zur Erkenntnis der Leere ihrer selbst und der Erscheinungen zu gelangen. Es wird hin und wieder darauf hingewiesen, daß auch geistlich gebildete Verstorbene an diesen Stationen der Wanderung im Bardo den richtigen Schritt nicht zu tun vermögen. Umgekehrt kann es einem ungebildeten Menschen gelingen, plötzlich zur Erkenntnis und damit zur Befreiung durchzukommen. Die Voraussetzung hierfür ist, daß ihm der Bardo ordnungsgemäß vorgelesen wird und daß jener Mensch karmisch begünstigt ist. Seine vorangegangenen Leben müssen ein heilsames Karma produziert haben, gute Taten in Gedanken, Worten und Werken.

Der Sipa-Bardo behandelt die Nachtod-Welt und den Vorgang der Wiedergeburt. Nach der Begegnung mit den friedlichen und zornigen Gottheiten, wenn die Seele immer noch umherirrt, wandert sie in die eigentliche Nachtod-Welt. Aus dem Aufbau des Buches ist zu ersehen, daß der leibliche, medizinische Tod nicht als punktuelles Ereignis erkannt wird. Es ist demnach nicht so, daß der Tod eine deutliche Wand zwischen dem Leben und einem Zustand danach darstellt. Vielmehr handelt es sich bei dem Vorgang des Sterbens um einen Prozeß mit vielen Stufen und Etappen, eben um eine Wanderung, die im Grund bereits mit der Geburt beginnt. Diese Wanderung nimmt im Bardo Zustand lediglich eine besondere Form an, indem sie in besonderer Weise vor wichtige Entscheidungen gestellt wird. In der Nachtod-Welt ist das Bewußtseinsprinzip von anderer Natur geworden, als es noch im Tschönyi-Bardo war. So wie die menschliche Seele sich während des Lebens durch gravierende Erlebnisse grundlegend ändern kann, so geändert in ihrer Wesensart ist die im Bardo wandernde Seele in der Nachtod-Welt. Es handelt sich hier um eine quasi eigene Welt, die aber, ebenso wie das irdische Leben und wie im Grunde alles, ein Durchgangsstadium ist, ein Land, durch das man hindurchreist. Ein Verweilen im eigentlichen Sinne kann es nur im Nirvana geben.

Auf dieser Bardo-Stufe gibt es besondere Merkmale der Seele. Ein wichtiges Merkmal ist, daß sie übersensibilisierte Sinne und Fähigkeiten besitzt. D. h., ihre Erkenntnisfähigkeit, die Weitsicht, die Einblickskraft sind wesentlich erhöht im Vergleich mit dem vorherigen Zustand und mit dem des irdischen Lebens. Das verursacht zweierlei: einmal Zustände übergroßer Freude, die während des irdischen Daseins niemals gekannt wurden, zum andern Zustände erhöhten Leidens, die in ihrer Intensität ebenfalls alles bisher Erlebte übersteigen. Diese höchst unterschiedlichen Zustände wechseln sich ab. Es wird im Bardo genau beschrieben, welche konkreten Erscheinungen der Seele begegnen können und worunter sie leidet und Wonne empfindet. Diese Zustände werden als Gericht bezeichnet. Es ist eine Art Durchgang durch ein Fegfeuer, wobei karmisch verursachte Faktoren, gute und schlechte, auf die Seele in verstärkter Weise einwirken und sich in Manifestationen äußern, die erschreckend, furchterregend, grausam sind. Es sind Gerichts- und Strafszenen, die weitgehend solchen Bildern entsprechen, die die Geschichte der Religionen in der religiösen Kunst dargestellt hat. Die Bilder von Vierteilungen und sonstigen Foltermethoden, welche der heutige Betrachter mit Abscheu und Verachtung oftmals in Museen betrachten kann, entsprechen genau jenen Widerfahrnissen, welche der Bardo Thödol für diese Stufe des Bardo beschreibt. Wie gesagt, ist das theoretisch einmal darin begründet, daß das Bewußtseinsprinzip übernatürlich sensibilisiert ist, und sowohl unendliche Freuden wie ebenso unendliche Schmerzen und Leiden erfährt. Zum andern gibt der Bardo bei diesem Stadium noch hilfreiche Anweisungen: „Daß du so leidest, kommt von deinem eigenen Karma; niemand außer dir ist daran schuld ... Selbst wenn dein Körper in Stücke zerhackt wird, erholt er sich wieder. Das wiederholte Zerhacken bereitet furchtbaren Schmerz und Qual ... Da dein Körper ein Geist-Körper ist, kann er nicht sterben ... Dein Körper ist in Wirklichkeit von der Natur der Leere; so brauchst du keine Angst zu haben. Die Todesgötter sind deine eigenen Halluzinationen ... Leere kann Leere nichts anhaben; Eigenschaftslosigkeit kann Eigenschaftslosigkeit nichts anhaben. Von unseren eigenen Halluzinationen abgesehen gibt es in Wirklichkeit außerhalb unserer selbst keine solchen Dinge wie Todesgott oder Gott oder Dämonen oder stierköpfiger Todesgeist. Handle so, daß du dies erkennst ... analysiere ... sorgfältig die wahre Natur von dem, was dich erschreckt. In Wirklichkeit ist es nicht und zu nichts geformt, sondern ist eine Leere."[10] Es wird wiederholt darauf hingewiesen, daß Meditation und Gebet helfen, die Natur der Leere hinter den Erscheinungen zu erkennen. Im Moment der Erkenntnis kann auch hier Befreiung erlangt werden.

Dieses Stadium des Bardo ist theologisch und tiefenpsychologisch sehr inhaltsschwer. Die Begriffe des Karma und der Leere haben hier eine große Bedeutung.

Wie so oft schon, wird auch hier darauf hingewiesen, daß das Bewußtseinsprinzip meditieren soll oder sich an religiöse Praktiken halten soll, während des leiblichen Lebens geübt. Dieser Gedanke, diese Empfehlung des Bardo Thödol, zieht sich wie ein roter Faden durch das ganze Werk. Immer wieder wird darauf warnend hingewiesen, daß im Falle der Nicht-Sammlung des Bewußtseinsprinzips die Verwirrung und das Erschrecken sehr groß sein wird, und daß in der Folge die scheu umherirrende Seele von einer Widerfahrnis zur anderen flüchtet und auf diese Weise wiederum in den Strudel der Wiedergeburten gerissen wird, möglicherweise in eine neue Existenz hinein, die noch ungünstiger ist als die vorhergehende. D. h., es kann die Existenz eines ärmlichen, völlig mittellosen Menschen sein, der aus karmischer Verursachung keinerlei Chance hat, sein Bewußtsein höher zu entwikkeln. „O Edelgeborener, höre gesammelt auf mich. Indem du einfach die vier kāyas[11] erkennst, erreichst du bestimmt vollkommene Befreiung in jedem von ihnen. Sei nicht zerstreut. Hier liegt die Grenzscheide zwischen Buddhas und lebenden Wesen. Dieser Augenblick ist von großer Bedeutung; wenn du jetzt zerstreut bist, wirst du unzählige Zeiträume brauchen, um aus dem Morast des Elends herauszukommen."[12] Es ist hier eine außerordentlich wichtige und zentrale Stelle des Zwischenzustandes erreicht. Nochmals wird eindringlich gesagt, für den Fall, daß der Tote in der Meditation nicht geübt ist, daß er unbedingt beten solle, seine Schutzgottheiten anrufen und sich vertrauensvoll an sie wenden solle. Auffallend ist hier, daß das Gebot an eine schützende und helfende Gottheit neben der Unterweisung über die letzte Wirklichkeit, der Leere, zu finden ist. Beides schließt sich nicht aus: Der rein atheistische Aspekt des Buddhismus[13] steht gleichwertig neben demjenigen Aspekt der Religion, der in Richtung auf einen Theismus weist, welcher eine göttliche Hilfe für den Menschen annimmt. Es handelt sich um die Nebeneinanderstellung verschiedener Grade der religiösen Erkenntnis. Einmal ist der Fortgeschrittene angesprochen, der über das Wesen der Leere meditiert hat und seine philosophischen Hintergründe kennt. Der Buddhist würde sagen, es ist derjenige, der einen Klarblick erlangt hat, welcher alle Illusionen durchdringt und die letzte Wirklichkeit der Leere schaut. Zum andern ist derjenige angesprochen, der in der Religion nicht jene tiefe Bildung des anderen erreicht hat. Dieser ist aufgefordert, die ihm aus seinem leiblichen Leben bekannten Praktiken der Religionsausübung auch im Bardo zu üben: Gebet, innere Hinwendung an eine Schutzgottheit, Anbetung, Verehrung. Auch ihm wird die Möglichkeit der Befreiung noch im Zwischenzustand eingeräumt. Allerdings wird der Vorleser darauf dringen, das wandernde Bewußtseinsprinzip zu ermahnen, die Wirklichkeit der Leere zu erkennen. Denn nur in dieser Erkenntnis ist Befreiung in Nirvana möglich.

Nach der Begegnung mit den schrecklichen Gottheiten, die das „Gericht" vollziehen, wird das Bewußtseinsprinzip, wenn es trotz der ausführlichen Belehrungen des Bardo Thödol nicht Befreiung erlangt hat, noch einmal die verlassenen irdischen Orte und Menschen sehen, teils in vorausschauender Weise, weil in diesem Stadium eine Hell- und Klarsicht vorliegt. Der Bardo-Körper sieht und nimmt wahr die Taten und Worte und Gedanken der Verwandten, das, was sie augenblicklich tun und das, was sie fürderhin tun. Er nimmt viele Unzulänglichkeiten wahr, etwa religiöse Handlungen ohne echte innere Hingabe, gerade auch im Zusammenhang mit solchen Riten, die dem Verstorbenen zur Befreiung dienen sollen. Er sieht in vielfacher Weise die Hohlheit religiöser Akte, weil sie ohne innere Hingabe geschehen, und er möchte darüber zornig werden. Er läuft Gefahr, sich zu allerlei Gefühlsaufwallungen unheilsamer Art hinreißen zu lassen, bis hin zu dem Wunsch, den Verwandten wieder zu erscheinen und sie womöglich zu bestrafen. Hier gilt die Lehre des Bardo Thödol, daß die Seele auf gar keinen Fall solchen Gefühlen stattgeben darf. Das Bewußtseinsprinzip soll sich unter allen Umständen auf seine Befreiung konzentrieren, soll die Lehre des Buddha über die Wesenlosigkeit aller Dinge beherzigen, über den Gleichmut. Das Buch sagt, daß alle jene unschönen Dinge, die geschaut werden, im Grunde nur die Wiederspiegelung der eigenen unreinen Gedanken sind. Das Bewußtseinsprinzip soll dazu übergehen, eine große Liebe all jenen Menschen, Priestern und Verwandten, entgegenzubringen. „Vertraue auf sie, und übe dich in aufrichtiger Liebe zu ihnen.

Was auch die Hinterbliebenen für dich tun, es wird dir immer zum Wohle gereichen. Deshalb ist die Übung jener Liebe von großer Bedeutung; vergiß dies nicht."[14]

Es wird betont, daß in diesem Stadium des Bardo die Gedanken außerordentlich wirkmächtig sind. Das Denken des Bewußtseinsprinzips ist so subtil geworden, der Bardo-Körper hat eine solche „Leichtigkeit" erlangt, daß jeder Gedanke die unmittelbare und spürbare Wirkung nach sich zieht: Schlechte Gedanken wirken sofort negativ und nachteilig auf den Bardo-Körper, gute und förderliche Gedanken, also Gedanken der Liebe, wirken positiv und für das Heil im Nirvana förderlich auf den Bardo-Körper. Es gilt in diesem Stadium, einmal den Drang zu überwinden, sich wieder zurückzubegeben in die vergangene irdische Seinsweise; das Gefühl der Einsamkeit ist hier übermächtig. Zweitens neigt das Bewußtseinsprinzip dazu, während es das tadelnswerte Treiben seiner ehemaligen Verwandten sieht, ungute Gedanken zu hegen. Beides ist sehr unheilsam. Weder ist es möglich, zum ehemaligen Daseinszustand zurückzukehren, noch bleiben die unguten Gedanken ohne Wirkung. Auch hier wird im Bardo Thödol empfohlen, an die Buddhas zu beten und sie zu bitten, dem Bardo-Körper die Kraft zur Befreiung zu verleihen. Es wird hier auch die heilige tibetische Formel „Oṃ-Ma-ṇi-Pad-me-Hūṃ" als sehr wirksames Gebet empfohlen.

Wiederum wird die Möglichkeit erwogen, daß das Bewußtseinsprinzip die Befreiung nicht erreichte. Die karmischen Verdunklungen können so mächtig und verwirrend sein, daß es weiter umherirrt und der Gefahr der Wiedergeburt, eventuell auch in einer unangenehmen Seinsform, entgegenstrebt. Dann dämmern die „Lichter der sechs lokas", d. h. der sechs Welten, die eventuell der Ort der Wiedergeburt sein werden. Im folgenden wird ausführlich beschrieben, wie die Seele es vermeiden kann, in eine „Schoßespforte" einzugehen, d. h. wiedergeboren zu werden. Es folgen sehr ausführliche Beschreibungen der Ereignisse, die der Seele nun widerfahren, und wie sie diese zu betrachten hat – wovor sie sich hüten muß, und was sie unternehmen muß, um doch noch die Befreiung zu erlangen. Diese Möglichkeit besteht noch kurze Zeit. Die Seele soll das farbige Licht, welches auf sie scheint und zur Wiedergeburt leiten will, als die Barmherzigkeit des Buddha ansehen und abwechselnd das am Anfang gesehene Klare Licht meditieren. Auf diese Weise kann man noch Befreiung erlangen. An dieser Stelle ist jedoch der Zug hinab in den Strudel der Wiedergeburt sehr stark. Das Buch mahnt nochmals den Vorleser, nun den Verstorbenen beim Namen zu rufen und ihm die Unterweisung über die Methoden der Schließung der Schoßespforte zu geben. Es folgen daraufhin im Buch ausführliche Beschreibungen und Belehrungen über die Erscheinungen, die dem wandernden Bewußtseinsprinzip begegnen. Augenscheinlich ist es ein normaler Vorgang, daß das Bewußtseinsprinzip dazu neigt, sich wieder auf eine Geburt einzulassen. Der Grund dafür sind die karmischen Verdunklungen und die mangelnde Erkenntnisfähigkeit der Seele. Aus diesem Grunde ist durchgehend im Prinzip immer angezeigt, daß die Seele die Leere meditiere oder aber zumindest seine Sinne auf Gebet und Liebe richte.

„Halte einen einzigen Entschluß fest im Sinn … Dies ist die Zeit, wo Ernsthaftigkeit und reine Liebe nötig sind; gib Eifersucht auf und meditiere …"[15] Wenn trotz der Unterweisung in den fünf Methoden, die Schoßespforte zu schließen, also nicht wiedergeboren zu werden, das wandernde Bewußtseinsprinzip weiter umherirrt und der Wiedergeburt entgegenstrebt, dann beginnen die Belehrungen über das Wählen der Schoßespforte. D. h., nun ist es nicht mehr möglich, Befreiung zu erlangen, und der Kreislauf der Wiedergeburten geht weiter. Weitere leidvolle Existenzen sind zu erwarten, unter Umständen ein Dasein als unglückliches Wesen, eventuell Tier oder Geist. In dem neuen Dasein zeitigt sich das schlechte und gute Karma aus dem vorangegangenen Leben aus. Es entwickelt sich ein Schicksal, welches kernhaft vorherbestimmt ist im Hinblick auf Leiden und Glück. Jedoch wird das wandernde Bewußtseinsprinzip auch bei der unabwendbar einsetzenden Einleitung der Wiedergeburt nicht alleingelassen. Auch in dieser Situation gibt das Totenbuch Lehren über die richtige Verhaltensweise, nunmehr darauf abzielend, daß die Seele möglichst an ein glückliches Ufer gelangt. D. h., es werden Hinweise gegeben, wie die Seele eine Wiedergeburt unter günstigen Bedingungen erlangen kann und dann die Möglichkeit hat, in einem begünstigten Leben wiederum den Pfad des Buddha zur Befreiung gehen zu können.

In dieser schwer verständlichen Darstellung der verschiedenen Ufer, welche sich dem zur Wiedergeburt gezwungenen Bewußtseinsprinzip anbieten, wird in der Hauptsache ein solches Ufer empfohlen, auf welchem die Seele, künftig als neugeborenes Wesen, die größte Chance hat, der Lehre des Buddha zu folgen. Im einzelnen können hier die entsprechenden Belehrungen nicht dargestellt werden.

Im „Pfad der guten Wünsche" wird erläutert, daß es empfehlenswert ist, die Gebete der wandernden Seele möglichst oft vorzulesen, damit diese sich daran erinnert und sie nachbetet. Sie gelten als unabdingbare Unterstützung für das Bewußtseinsprinzip, in den verschiedenen Stufen des Bardo Befreiung zu erlangen, oder aber wenigstens eine glückliche Wiedergeburt zu erleben. Es bleibt noch zu sagen, daß die Seele im Augenblick des Eingangs in eine Schoßespforte in eine Art Bewußtlosigkeit fällt und im Embryonalzustand erwacht. Sie muß von dort an völlig neu lernen zu leben und die Umgegend einzuordnen, wahrzunehmen.

2. Die Wiedergeburtslehre

Vieles hierüber ist bereits im Zusammenhang mit dem Bardo gesagt worden. Es soll hier noch erläutert werden, warum der Buddhismus die Wiedergeburt lehrt und welchen Stellenwert sie in der Lehre des Buddha hat. Daß das Dasein ohne Bestand ist, daß es entsteht und vergeht, ist die Grundlage des buddhistischen Denkens. Die Konsequenz hieraus ist, daß der Buddhist den Weg sucht, welcher herausführt aus dem ewigen Entstehen und Vergehen, denn dieses wird vom Menschen als leidvoll erfahren. Wenn eine Leidenserfahrung kommt, ist diese stets die spürbare Konsequenz der Tatsache, daß der Mensch sich im Kreislauf des Entstehens und Vergehens quasi heimisch niederläßt, ihn als Realität anerkennt und damit einen großen, folgenschweren Irrtum begeht. Dieser führt zu weiteren Irrtümern und immer tiefer in das Leiden hinein.

Wenn der Gedanke des Entstehens und Vergehens konsequent weitergedacht wird, muß auch der leibliche Tod lediglich als Veränderung gedacht werden, niemals als ein Stillstand. Er ist lediglich eine Erscheinungsform von vielen, welche das Vergehen und Entstehen augenscheinlich machen. Daß der Mensch im allgemeinen beim Tod das Entstehen nicht sieht, liegt daran, daß er befangen ist in seiner Sichtweise, die besagt, daß es überhaupt etwas Bestehendes gäbe. Der Buddhismus lehrt, daß der Mensch den ununterbrochenen Strom des Entstehens und Vergehens, auch über den Tod hinaus, erkennen würde, wenn er sich loslöste von der irrigen Vorstellung, es gäbe etwas Seiendes, Bestehendes, wenn er das ewige Entstehen und Vergehen verinnerlichen würde und entsprechend leben würde.

Da nun die Realität die des Entstehens und Vergehens ist, oder umgekehrt, läuft dieser Strom selbstverständlich ununterbrochen, d.h. nicht angehalten durch einen leiblichen Tod. Was ist es jedoch, das weiterströmt, über den leiblichen Tod hinaus bis hin zu einer Wiedergeburt oder, im günstigen Fall, bis zur Erlösung in Nirvana? Man würde einen groben Fehler begehen, wenn man hier den Begriff der Seele nehmen würde. Dies ist teilweise hier im vorangegangenen Text geschehen, um den Fortgang des Lesens zu vereinfachen und weil es eigentlich keinen adäquaten deutschen Begriff dafür gibt. „Seele" setzt im allgemeinen voraus, daß es etwas Unsterbliches, Ewiges sei. Dieser Gedanke trifft für das Bewußtseinsprinzip nicht zu. Im Gegenteil: Der Buddhismus lehrt, daß es nichts Unsterbliches gäbe, im Menschen schon gar nicht, und auch nicht das Nirvana. Denn dieses ist weder sterblich noch unsterblich, d.h. derjenige, der es erlangt hat.

Vielleicht geht man nicht gänzlich fehl, wenn man das Bewußtseinsprinzip beschreibt als einen Strom von Daseinsfaktoren, die von einem Moment zum anderen entstehen und vergehen, und zwar in einer gewissen Bandbreite. Diese wäre konstitutiv für das, was man (fälschlich, aber hier zur Verdeutlichung) Individuum nennt. Ein anderes „Individuum" hätte eine andere Bandbreite des Bewußtseinsstroms. Diese Bandbreite selbst aber wäre auch nicht bestehend, sondern stets dem allgemeinen Entstehen und Vergehen unterworfen. Dieses Bild sei jedoch mit Vorbehalt, lediglich zum Zweck einer Veranschaulichung, betrachtet, nicht etwa mit dem Anspruch auf Richtigkeit.

Erst wenn das wandernde Bewußtseinsprinzip die Wahrheit der Leere schaut, geht es ein in jene Befreiung, welche das unnennbare

Nirvana ist. Viele Buddhisten fassen es als eine Art Paradies. Dann ist das Ziel allen Lebens erreicht. Die Wiedergeburt ist also Bestandteil der leidvollen Existenz. Solange die vier heiligen Wahrheiten, die vom Buddha geschaut und verkündet sind, nicht erkannt werden, bleibt ein Wesen (Gott, Mensch, Tier oder Geist[16]) im leidvollen Dasein gefangen, über Tausende von Wiedergeburten hinweg, gemäß dem Wechsel der Daseinsfaktoren (dharma), die momentan entstehen und vergehen.

Was ist eventuell Anlaß einer Belehrung über den Nachtod aus der Sicht des Buddhismus? Es gibt einige Punkte, die einer Überlegung wert sind, ob nicht eine gewisse Botschaft für unser Denken und für unseren christlichen Glauben zu erkennen ist. Bei dieser Betrachtung soll es nicht um einen eigentlichen Vergleich gehen. Das wäre die Aufgabe eines größeren Werkes. Hier soll lediglich unvoreingenommen das betrachtet werden, was nach Ansicht des Verfassers einer Überlegung wert ist.

Auffällig im tibetanischen Totenbuch ist der Nachdruck, der auf der Möglichkeit der Erlösung, der Befreiung, auch und noch im Bardo hinweist. Immer wieder wird erläutert, welche Gestalten, welche Widerfahrnisse in Wirklichkeit Bilder der Leere sind, die von der karmischen Verdunklung verursacht werden. Es beginnt mit dem Sehen des Klaren Lichts: Der Vorleser weist darauf hin, daß hier die Leere, die eigentliche Wirklichkeit, begegnet, und daß die Seele in dieses Licht eintauchen solle, auch dann – was meistens der Fall ist –, wenn sie sich fürchtet und meint, es nicht zu vermögen. Während der ganzen Wanderung des Bewußtseinsprinzips begegnet die Möglichkeit des Eingehens in die Erlösung. Wenn man das Wort Erlösung nimmt anstatt des schwer zu verstehenden Wortes „Leere", dann kann man auch mit dem Gewissen des Nicht-Buddhisten mit dieser Botschaft etwas anfangen. Es käme demnach also darauf an, daß die Seele sich nicht vom Augenschein schrecken läßt. Sie müßte eingedenk sein, daß die im Leben begangenen Fehler sie hindern, einen klaren Blick zu erlangen für das, was die verschiedenen Erscheinungen bedeuten: die Befreiung aus dem Kreislauf des unzulänglichen und damit leidvollen Daseins.

Ein weiterer wichtiger Punkt, der als Botschaft dienen kann, ist der nachdrückliche, wiederholte Hinweis, daß die Seele die

„Schutzgottheit" anbeten soll und daß sie sich an die gewohnten religiösen Riten und Gebete erinnern soll. Hier scheint die unbedingte Wichtigkeit betont zu werden, daß der Mensch sein Leben religiös gestalten soll, daß er sich im Gebet üben soll, möglichst bis hin zur Übung des wortlosen Gebets, welches von den Buddhisten u. a. Meditation genannt wird. Es scheint so, als ob erst durch die Bekanntschaft mit der Sphäre des Religiösen während des Lebens der Durchgang durch den Nachtod wesentlich erleichtert wird, ja sogar in die Erlösung münden kann.

Der Bardo Thödol geht davon aus, daß der Verstorbene sehr lange Zeit die Stimme und die Gedanken des Vorlesers hört. Dies leitet jedoch keineswegs über zu einer spiritistischen Meinung. Er lehrt gerade nicht, daß die Toten anrufbar wären in dem Sinne, daß man von ihnen eine Antwort auf irgendwelche Fragen bekäme. Gerade das Gegenteil ist der Fall: Man läßt den Toten tot sein. Weiter wird in positiver Weise, hilfreich für den Toten, gesagt, daß er nun tot sei – ohne Irreführungen und Beschönigungen. Ihm wird aufgrund eines anerkannten Weisheitsbuches Belehrung erteilt, was er zu tun und zu lassen habe, wie er mit den Widerfahrnissen zurechtkommen kann. Es wird ihm geholfen, möglichst eine eigene Befreiung zu erlangen. Dagegen muß sich eine spiritistische Aktion als eine von tiefer Unwissenheit geprägte Quälerei des Toten ausnehmen.

Es gibt noch viele Punkte, die des Nachdenkens wert sind. Der Leser ist vielleicht animiert, den Text des Bardo Thödol selbst zu verfolgen und die Kommentare dazu, von Sachkennern verfaßt, zu studieren. Dieser Beitrag sollte lediglich ein wenig hineinleuchten in die Nachtod-Lehren des Buddhismus. Er läßt es dabei bewenden, wenn ein gewisser Eindruck entstanden ist und wenn der Leser vielleicht selbst die im Buddhismus verbreitete hohe Wissenschaft von Leben und Tod anschaut und sie für sich selbst nach-denkt.

ANMERKUNGEN

1 Darüber ausführlicher in „Kleine Einführung in den Buddhismus", von *Meier, E.*, Herderbücherei Nr. 1158, Freiburg 1984.

2 Die tibetische Medizin ist eine umfangreiche Wissenschaft; vgl. z.B. *Lobsang Rampa,* Le troisième oeil, Paris 1957; es gibt auch eine deutsche Ausgabe „Das dritte Auge".

3 Bardo Thödol, S. 161.
Evans-Wentz, W. Y. (Hrsg.), Das tibetanische Totenbuch oder die Nachtod-Erfahrung auf der Bardo-Stufe, nach der engl. Fassung des Lama Kazi Dawa-Samdup hrsg. im Auftrag des Hrsg. für die 7. Auflage neu bearb., kommentiert und eingeleitet von Lama Anagarika Govinda. Übers. von Luise Göpfert-March. Mit einem Geleitwort und einem psychologischen Kommentar von C. G. Jung und einer Abhandlung von Sir John Woodroffe, Olten usw. [9]1973.

4 Bardo, S. 166f.

5 Ebd., S. 170.

6 Ebd., S.170f.

7 Ebd., S. 173f.

8 Ebd., S. 177.

9 Ebd., S. 179.

10 Ebd., S. 245f.

11 Begriff der buddhistischen Metaphysik, hier nicht weiter erklärbar.

12 Bardo, S. 246.

13 S. *Meier, E.,* Wer ist Gott für den Buddhisten, in: Wer ist Gott? Die Antwort der Weltreligionen, Herderbücherei Nr. 1079, Freiburg 1983.

14 Bardo, S. 250.

15 Bardo, S. 255.

16 S. Wer ist Gott ... = Anm. 13.

DIETER VETTER

Leben nach dem Tod im Judentum

1. „Die kommende Welt"

1.1 „Diese Welt, die Tage des Messias, die kommende Welt"

Die messianische Zeit und „die kommende Welt" dürfen nicht miteinander gleichgesetzt werden. Obwohl die Traditionsliteratur beide terminologisch häufig nicht voneinander abhebt, belegt sie andererseits – in der Mischna und in den ältesten Aussprüchen außerhalb der Mischna (Baraitot, von Baraita) – klar den Unterschied zwischen den „Tagen des Messias" und der „kommenden Welt". Auf jene richtet sich die nationale und universale Hoffnung auf Erlösung in historischer Gestalt; dieser gelten die individuellen Erwartungen der Auferstehung der Toten und des Gerichts sowie die Israel und alle Völker einschließenden Vorstellungen von der „erneuerten Welt". Beide – die diesseitig-geschichtliche Zukunft nach der Messiasankunft und die jenseitige nach dem Tod sowie die endzeitliche Weltordnung – trennte eine rabbinische Auslegung von Dtn 33,12: „Er beschirmt ihn allezeit und wohnt zwischen seinen Bergrücken" (b Sebachim 118b): Sie deutet den Satzteil „er beschirmt ihn" auf den Ersten Tempel, das Wort „allezeit" auf den Zweiten Tempel und die zweite Satzhälfte „und wohnt zwischen seinen Bergrücken" auf das messianische Zeitalter. Von Jehuda Ha-Nasi (2. Jh. n. Chr.) wurde die Erklärung dazu tradiert: „‚Er beschirmt ihn', das ist *diese Welt;* ‚allezeit', das sind *die Tage des Messias;* ‚und wohnt zwischen den Bergrücken', das ist *die kommende Welt* (ha-olam ha-ba)." Den Gegensatz nicht nur zur Gegenwart („diese Welt"), sondern auch zur messianischen Zeit drückte Rabbi Tarphon (1./2. Jh.) in einer Mischna (Abot II, 16) aus: „Und wisse, daß die Belohnung der Gerechten im Zukünftigen erfolgt." Hier bezeichnet ein der „kommenden Welt" gleichwertig gebrauchter Begriff die nachmessianische Zeit der Vergeltung, wiederum in einer anderen Mischna die der Auferstehung der Toten: „Aber vom Zukünftigen heißt es (Jes 25,8): Er vernichtet den Tod auf immer, und Gott der Herr wird die Tränen von jedem Antlitz wischen" (Moed Katan III,9). Sogar gleichbedeutend wurden „am Zukünftigen" und „Auferstehung/Belebung der Toten" (techijjat ha-metim) verwendet: Auf eine der zwölf Fragen der „Leute von Alexandrien" (b Nidda 69b.70b): „Werden die Toten *im Zukünftigen* des Besprengens am dritten und am siebten Tag benötigen, oder werden sie nicht benötigen?", antwortete Rabbi Josua ben Chananja (1./2. Jh.): „Sobald sie *belebt werden*, werden wir über sie nachdenken."

Die Wendungen „die kommende Welt" und „am Zukünftigen" markieren in der Traditionsliteratur neben dem Jenseits die Endzeit und in dieser Bedeutung öfter auch die Messiaszeit. Infolge der Vieldeutigkeit des Sprachgebrauchs flossen die Vorstellungen von den „Tagen des Messias" und von der endgültigen Weltordnung in den Worten der Weisen mitunter ineinander. Dennoch herrscht in der rabbinischen Überlieferung die Meinung vor, daß die messianische Zeit der „kommenden Welt" (bzw. dem „Zukünftigen") vorhergeht.

1.2 „Kein Auge außer dir, o Gott, hat sie geschaut"

Über die kommende Welt finden sich sehr verschiedene Gedanken im apokryphisch-pseudepigraphischen wie im talmudischen Schrifttum: Gott hat nicht eine Welt geschaffen, sondern zwei (4 Esr 5(7),50). Der jetzige Äon ist vergänglich (2[4],11); aber es kommt der neue Äon, der ewig bleibt (syr. Baruch 44,12). Er wird als eine Zeit ewigen Lebens vorgestellt. Mit ihm verbunden ist die Totenauferstehung und das Weltgericht (44,11–15; äth. Henoch 91,7–17; 94,7.9 etc.). Elieser der Modiite (1./2. Jh.) stellte „die kommende Welt" und „die erneuerte Welt" nebeneinander (Midrasch Mechilta, Wajehi Beschallach 50b, ed. M. Friedmann). „Die erneuerte Welt" kommt *nach* der Totenauferstehung (Midrasch Tanchuma Egeb § 7). Klar auf das Jenseits, das nach dem Ende des irdischen Lebens beginnt, bezog Rabbi Jakob ben Korschaj (2. Jh.) „die kommende Welt": „Wertvoller ist eine Stunde in Buße und guten Werken in dieser Welt als das ganze Leben der kommenden Welt" (M Abot IV,17).

Den phantastischen Ausmalungen der Glückseligkeit, welche die Gerechten genießen werden, steht die schroffe Abweisung aller Spekulationen über die jenseitige Zeit entgegen: „Alle Propheten haben nur von der messianischen Zeit geweissagt, für die kommende Welt aber gilt (Jes 64, 3): *Kein Auge außer dir, o Gott, hat sie geschaut*" (b Berachot 34 b; Schabbat 63 a). Das wahre Wesen der „kommenden Welt" beschrieb im Blick auf Ex 24, 11 eine Baraita: „In der kommenden Welt gibt es weder Essen noch Trinken, weder Zeugung noch Fortpflanzung, sondern die Gerechten sitzen mit Kronen auf den Köpfen und laben sich am Glanz der Gottheit" (außerkanonischer Traktat Kalla Rabbati 6, 2; ähnlich b Berachot 17 a: hier verschwinden auch „Handelsverkehr, Haß, Neid und Konkurrenz" aus der „kommenden Welt"). Aus der anschließenden Diskussion der späteren Lehrer (Amoräer, 3.–5. Jh.) geht hervor, daß wir hier unter der „kommenden Welt" nicht einfach das Leben nach dem Tod verstehen dürfen. Sie zitierten die früheren (Tannaiten, 1.–3. Jh.) und sagten: „Dasjenige, was wir (hier) gelernt haben, bezieht sich auf die Zeit *vor* der Totenbelebung." Danach zielt die Baraita auf „die kommende Welt" im Sinn der sich nach der Messiaszeit gestaltenden neuen Weltordnung.

1.2.1 Räumliche Vorstellungen

Die alte israelitische Vorstellung von der Scheol, dem Ort aller Toten (Gen 37, 35), war noch im 2. Jh. v. Chr. lebendig (Sirach 14, 16). Jedoch unterzog sie das apokryphisch-pseudepigraphische Schrifttum verschiedenartigen Wandlungen, als sich in dieser Zeit im Judentum die Anschauung von der individuellen Vergeltung entwickelte. Einige Werke unterscheiden mehrere Ebenen in der Scheol (4 Esr 5 [7], 36 f.); in den unteren werden die Gottlosen noch vor der Totenauferstehung gepeinigt, während auf der höchsten die Gerechten Glückseligkeit erleben. Andere Verfasser ersetzten „Scheol" durch „Gehenna"; es ist die griechische Form für Hinnomtal. In der Königszeit hatte man am Südausgang der Jerusalemer Schlucht eine Opferstätte errichtet, an der für den Gott Moloch Kinder durchs Feuer gehen mußten. Nach israelitischem Verständnis war der Ort dadurch verunreinigt (2 Kön 23, 10; Jer 7, 31–34). Noch im 2. Jh. v. Chr. wurde er mit dem Hinnomtal in

Beziehung gebracht (äth. Henoch 26,4; 54,1), dann aber von den Urhebern der Apokryphen und Pseudepigraphen mit der räumlich unbestimmbaren Vorstellung von Hölle oder Unterwelt verbunden; hier sollten die Verdammten furchtbare Qualen erleiden (4 Esr 5[7],36; äth. Henoch 27,2f.; Himmelfahrt des Mose 10,10; syr. Baruch 85,12f.).

Die Gerechten erfreuen sich nach dem apokryphisch-pseudepigraphischen Schrifttum unmittelbar nach ihrem Tod bzw. erst bei der Auferstehung endloser Wonne im „Paradies" (4 Esr 2[4],7; slav. Henoch 42,3). Der griechische Ausdruck steht für den hebräischen „Garten Eden", den schon die Propheten mit „Wonne" verknüpft haben (Jes 51,3; Ez 36,35; Joël 2,3). Auch das Paradies verfügt über mehrere Ebenen, eine höher als die andere; die oberste reicht bis zu Gottes Wohnort im „Himmel" (äth. Henoch 18,6–8).

1.3 „Anteil an der kommenden Welt"

Die Traditionsliteratur läßt ein geradezu glühendes Verlangen unter den Juden während der Verfolgungen und der Diaspora in den frühen Jahrhunderten nach der Zerstörung des zweiten Tempels erkennen, „Anteil an der kommenden Welt" zu erlangen (b Baba Batra 10b; Rosch Haschana 4a; Pesachim 8a). An seinem Sterbebett fragten die Schüler Rabbi Elieser ben Hyrkanos (1./2. Jh.): „Rabbi, lehre uns die Wege zum Leben, damit wir durch sie zum Leben der kommenden Welt gelangen" (b Berachot 28b, vgl. Joma 66b). Die Frage, „wer der kommenden Welt teilhaftig sei" (b Baba Batra 10b; Berachot 4b; Schabbat 153a), wurde gewöhnlich in den Diskussionen der Schulen gestellt. In einer, wahrscheinlich aus Babylon gesandten, schriftlichen Erläuterung lautete die Antwort: „Der demütig und bescheiden ist; der sich bückt beim Hineingehen und sich bückt beim Herauskommen und sich stets mit der Tora befaßt und keinen Verdienst für sich fordert" (b Sanhedrin 88b). Auch versprachen die Weisen den „Anteil an der kommenden Welt" – Rabbi Meir (1./2. Jh.) demjenigen, der in Erez Jisrael ständig wohnte, das „Sch'ma" (Dtn 6,4 beginnend) morgens und abends rezitierte und Hebräisch sprach (Midrasch Sifre Dtn § 333, vgl. j Schekalim 47c); Meir versuchte dadurch, nach dem gescheiterten Bar-Kochba-Aufstand das religiöse und nationale jüdische Bewußtsein zu stärken.

Ein beliebtes Motiv in zahlreichen Erzählungen der talmudischen Literatur ist die Feststellung über einen Menschen, er sei „ausersehen für das Leben der kommenden Welt". Manche erfuhren schon zu Lebzeiten, daß ihnen das ewige Leben gewährt wird: Den in die brennende Torarolle eingewickelten Rabbi Chanina ben Teradjon, einen der zehn Märtyrer Roms im 2. Jh., fragte sein Henker, falls er ihm einen rascheren Tod gäbe: „Bringst du mich in das Leben der kommenden Welt?" Hierauf ertönte die „Hallstimme": Rabbi Chanina ben Teradjon und der Exekutor sind für das Leben der kommenden Welt ausersehen" (b Aboda Sara 18a). Ähnliches ereignete sich bei dem Martyrium des Rabbi Akiba (1./2. Jh.): Er dehnte beim Sprechen des „Sch'ma" das Wort „einer" („der Herr ist *einer*") so lange, bis ihm die Seele ausging. Die „Hallstimme" sprach zu ihm: „Heil dir, Rabbi Akiba, du bist für das Leben der kommenden Welt ausersehen" (b Berachot 61b). Andere wurden dieser Bestimmung erst beim Tod gewiß (b Sanhedrin 98a; Gittin 68b).

Für die Geschichte der rabbinischen Theologie von hoher Bedeutung ist die Mischna: *„Ganz Israel hat Anteil an der kommenden Welt"* (Sanhedrin X, 1). Ausnahmen nennt der nächste Satz: „Folgende haben keinen Anteil an der kommenden Welt": Wer die Auferstehung („Belebung der Toten"), wer den göttlichen Ursprung der Tora leugnet und ein „Epikuräer" ist – im talmudischen Sprachgebrauch einer, der von den Tora-Lehrern oder sogar von der Lehre verächtlich spricht. Die Mischna in der Tosefta (einem außerkanonischen Sammelwerk traditioneller Urheber) zählte vier andere Kategorien auf: die das Joch der Gebote verwerfen, den Bund für ungültig erklären, die Schrift in unerlaubter Weise auslegen, die den Namen Gottes aussprechen, wie er geschrieben wird (vgl. dazu den Ausspruch des Abba Saul in Sanhedrin X, 1). Die Beweggründe der Rabbinen, gewissen biblischen Personen und Generationen den „Anteil an der kommenden Welt" abzusprechen (Sanhedrin X, 2–4), und derjenigen Weisen, die das Gegenteil lehrten (z. B. Rabbi Jehuda ben Bathyra oder Rabbi Elieser ben Hyrkanos), sind wohl in den unterschiedlichen Vorstellungen über die Gestaltung der Bibel zu suchen.

Auch hinsichtlich des Schicksals der Nichtjuden in der „kommenden Welt" gingen die Meinungen auseinander. Exklusiven Erwartungen, die den Anteil auf Israel begrenzten, stellte sich die universale Vorstellung entgegen, nach der die Gerechten aller Völker an ihr teilhaben (Tosefta Sanhedrin XIII, 2; b Sanhedrin 105 a). Sie erhielt in talmudischer und in nachtalmudischer Zeit das Übergewicht: „Die Frommen der Völker der Welt haben Anteil an der kommenden Welt" (Maimonides, Mischne Tora, Hilkot Teschuba 3, 5; vgl. seinen Kommentar zu Sanhedrin X, 2; Josef Karo, Kesef Mischne z. St.).

2. „Die Belebung der Toten"

2.1. Die Zeit des Zweiten Tempels

2.1.1 „Und viele, von denen, die schlafen im Erdenstaub, werden erwachen"

Das Reich Gottes auf Erden wurde stets als Erlösung des ganzen Israel aus aller Knechtschaft erwartet. Aber würde sie nur die zur Zeit der messianischen Erlösung lebenden Glieder des Volkes erreichen? Das sich verzögernde Kommen des Messias gefährdete die Teilhabe der Gerechten an der endzeitlichen Befreiung. Die *Belebung der Toten* mußte die um den Preis des Martyriums Standhaften für die ihnen entgehende geschichtliche Vollendung entschädigen. Der Verfasser des Danielbuches sicherte sie den Blutzeugen der makkabäischen Freiheitskämpfe (165/164 v. Chr.) zu: Sie werden auch durch den Tod von der endgültigen Gottesherrschaft nicht ausgeschlossen, vielmehr durch die Auferstehung in sie einbezogen (Dan 12, 2).

2.1.2 Voraussetzungen

Während der Verfolgung durch Antiochus IV. Epiphanes nahm die Auferstehungshoffnung Gestalt an, indem sie frühere Linien isrealitischer Wirklichkeitsbewältigung auszog: (1) Israel verstand jede schwere Beeinträchtigung des Lebens, z. B. durch Krankheit (Jes 38, 9 ff.) oder Gefangenschaft (Ez 37, 11), als eine Erscheinung des Todes. Es wurde von dem Eindringen des Todes in das Leben stärker angefochten als durch die Tatsache des Sterbenmüssens (Ps

18,5f.; 55,5; 116,3). Die Befreiung von der Störung erfuhr es als eine Auferstehung vom Tode (Jes 38,17; Ps 16,8; Ez 37,12ff.). (2) Die von den Propheten Elia und Elisa berichteten Totenauferweckungen (1 Kön 17,17–22; 2 Kön 4,18–37; 13,20f.) wurden als Hinweise auf Gottes zukünftiges Handeln gedeutet. (3) Das Vertrauen in den lebendigen Gott (Dtn 32,39: „Ich töte und belebe") überwand die Todesnot in der Zuversicht, daß die Lebensverbundenheit mit ihm auch durch den Tod nicht abgeschnitten wird (Ps 49,16): Der die Beziehung der Lebenden zu Gott trennende Tod (Ps 88,1–13) ist keine selbständige Gegenmacht! (4) Die Apokalyptik schließlich gebar die Gottesgewißheit: Seiner endgültigen Herrschaft auf Erden muß der Tod weichen (Jes 25,8). (5) Die Beschränkung der Erwartung der Auferstehung auf Israel (Jes 26,19–21) hob die Zusage in Dan 12,2 sogar auf und rief damit die unbegrenzte Gottesherrschaft aus, die jeden umfaßt und der sich niemand – auch nicht in den Tod – entziehen kann: „Viele ... werden erwachen, die einen zum endgültigen Leben, die anderen zur endgültigen Schande."

2.1.3 Verbreitung

Die zum ersten Male Dan 12,2 deutlich ausgesprochene Auferstehungshoffnung fand in der apokryphisch-pseudepigraphischen Literatur kräftig Widerhall. Einige Verfasser erkannten die Auferweckung nur den Gerechten zu (2 Makk 7,9.11.14.23; 12,43; 14,46), andere sprachen von der Auferstehung aller Menschen zum Gericht (Jubiläenbuch 23,30f.; 4 Esr 5[7],29–44; Testament der zwölf Patriarchen XI,6,4–6; XII,10,6.8.9). Auch dachten einige an zwei Auferstehungen – die erste, am Anfang der messianischen Herrschaft, nur der Gerechten, die zweite der Gottlosen, am endgültigen Gerichtstag, an dem sie abermals sterben (z. B. äth. Henoch 95,3; 96,1–3; 100,5; 96,8; 98,10). Die von der griechischen Vorstellung von der Unsterblichkeit der Seele beeinflußte Erwartung eines zukünftigen Lebens unmittelbar nach dem Tod begegnet uns im Werk eines wahrscheinlich alexandrinischen Juden des 1. Jhs. v. Chr. (Die Weisheit Salomos 3,1–9).

Die alte Streitfrage über das „Zwischenstadium" zwischen Tod und Auferstehung diskutierten auch die Schulen Schammais und Hillels weiter. Bet Schammai vertrat die Ansicht, daß die toten

Seelen entweder im Grab oder in einer besonderen „Schatzkammer" bis zur Erlösung ausharren, wenn die Gerechten mit der Auferstehung belohnt werden. Bet Hillel dagegen lehrte, daß die Seelen nach dem Tod sogleich in der Gehenna bestraft bzw. im Garten Eden belohnt und am Ende der Zeit alle zu einem endgültigen Gericht auferweckt werden, gewissermaßen zu einer Nachprüfung und einer möglichen Aufhebung des Urteilsspruchs (Tosefta Sanhedrin XIII, 3 f.; b Rosch Haschana 16 b–17 a).

2.2 *Die talmudische Zeit*

2.2.1 „Beleber der Toten"

Auf „die Belebung der Toten" (M Berachot V, 2) bezog sich schon in der vermutlich älteren palästinischen Fassung der zweiten Benediktion des Achtzehngebets der Lobpreis: „Du bist mächtig ... *Beleber der Toten.*" Die späteren Rezensionen erwähnten wiederholt den Wortstamm „beleben" (die heutige fünfmal). Die nachdrückliche Hervorhebung der Auferstehungshoffnung in der kanonischen Liturgie kennzeichnet sie als eine der Hauptlehren des rabbinischen Judentums. Nicht die Erwartung des messianischen Zeitalters, auch keine andere Aussage über „die kommende Welt", sondern einzig das Vertrauen in Gottes wiederbelebendes Schöpfungswerk („Der versorgt die Lebenden mit Liebe, belebt die Toten mit großem Erbarmen") erhoben die Weisen zum Dogma. Doch nahmen es nicht alle Gruppen im Volk widerspruchslos an (M Sanhedrin X, 1).

2.2.1.1 *Der Widerspruch der Sadduzäer.* Während der Zeit des Zweiten Tempels vertraten die *Pharisäer* die bedeutendste religiöse Strömung. Unbeirrbare Treue zur Tora und ihre ungeteilte Erfüllung in allen Lebensbereichen waren ihr Bestreben. Die Tora, auf die sie sich bezogen, umfaßte außer der schriftlichen auch die in Generationen herausgebildete mündliche Überlieferung: Sie wollte auf alle Fragen des Lebens antworten und schrieb deshalb in allen Einzelheiten das individuelle und kollektive jüdische Verhalten vor (Halacha). Den Pharisäern widersprachen vor allem die Angehörigen einer konservativen Richtung: Die *Sadduzäer* ließen nur die geschriebene Tora gelten. Sie verweigerten den „Weisen", den treibenden Kräften unter den Pharisäern, die Autorität, ihre Deutungen des göttlichen Willens als „mündliche Tora" auszugeben, die der schriftlichen ebenbürtig sein sollte (M Abot I, 1). Sie lehnten die pharisäische Lehre von der „Belebung der Toten" wahrscheinlich als eine Reform der alten Religion Israels ab (Josephus, Geschichte des jüdischen Krieges II, 8, 14; Jüdische Altertümer XVIII, 1, 4).

2.2.1.2 *Der Einfluß der Pharisäer.* Über ihre unmittelbare Gefolgschaft hinaus erstreckte sich der Einfluß der Pharisäer auf die Mehrheit des Volkes: Durch Wiederholung schärften sie das Auferstehungsbekenntnis ein. Neben der vielleicht schon aus der zweiten Hälfte des 2. Jhs. stammenden zweiten Benediktion des Achtzehngebets, das dreimal täglich rezitiert wurde, finden wir eine andere Form der Benediktion; sie wurde von Friedhofsbesuchern gesprochen: „Gepriesen sei, der euch nach Recht erschaffen, euch nach Recht ernährt, euch nach Recht versorgt und euch nach Recht versammelt hat; er wird euch auch dereinst nach Recht auferstehen lassen", mit verändertem Schluß: „Er kennt die Zahl von euch allen, und er wird euch dereinst beleben und auferstehen lassen. Gepriesen sei er, der die Toten belebt" (b Berachot 58 b; j Berachot 13 d; Tosefta Berachot VI, 6, ed. M. S. Zuckermandel).

Die antisadduzäische Tendenz der Mischna belegt nicht nur Sanhedrin X, 1, der den Zweiflern an der Auferstehung den „Anteil an der kommenden Welt" abspricht, sondern auch Berachot IX, 5: „Alle, die im Heiligtum einen Segen schlossen, sprachen: (Gelobt sei der Gott Israels), von der Welt. Als aber die ‚Gottesleugner' fälschlich lehrten, es gebe nur *eine* Welt, verordnete man, daß sie sprechen: Von Welt zu Welt" (vgl. j Ta'anit 65 d: „Gelobt seist du, Gott Israels, von dieser Welt zu der anderen Welt, Erlöser Israels").

2.2.2 „Woher ist zu entnehmen, daß der Heilige ... die Toten beleben wird?"

Sadduzäer und Pharisäer stritten darüber, ob die Auferstehungslehre biblisch begründet werden könnte oder nicht. Die rabbinische Exegese, vornehmlich b Sanhedrin 90 b–91 b, holte Beweise aus der Tora für die Totenerweckung von weit her. Noch die Weisen des 2. und 3. Jhs. führten Schriftstellen auf entsprechende Fragen von „Ketzern" an, die wir sicher als Nachfolger der Sadduzäer betrachten müssen, von Samaritanern, die ebenfalls diese Lehrmeinung nicht anerkannten, und von Heiden. Sadduzäisch Gesinnte fragten Rabbi Gamaliel II. (um 110 n. Chr.): „*Woher ist zu entnehmen, daß der Heilige, gepriesen sei er, die Toten beleben wird?*" (b Sanhedrin 90 b). Sie verwarfen nacheinander seine Zitate aus den drei Kanonteilen (Dtn 31, 16; Jes 26, 19; Hld 7, 10), bis er Dtn 11, 9 kommentierte: „Es heißt nicht *euch*, sondern *ihnen*. Hier ist also die Belebung der Toten in der Tora zu finden" bzw. – nach einer abweichenden Überlieferung – Dtn 4, 4 auslegte: „Wie ihr heute alle am Leben seid, ebenso werdet ihr in der kommenden Welt am Leben sein." Viele Lehren namentlich nicht genannter Lehrer (b Pesachim 68 a; Sanhedrin 91 b; Midrasch Sifre Dtn § 329) und bekannter Rabbinen auch aus dem 3. Jh. (b Sanhedrin 90 b; 91 b; Berachot 15 b) bezeugen das rabbinische Bemühen, alle erdenklichen biblischen Stellen anzuführen, die nach ihrer Meinung zur Anerkennung und Festigung der Auferstehungshoffnung beitragen könnten.

2.2.3 „Kann denn Staub lebendig werden?"

Liturgie und Predigt verwurzelten das Vertrauen in den „Beleber der Toten" in den Herzen der Menschen: Ein frühes Schabbatgebet rühmte: „Keiner ist dir gleichzustellen, Herr, unser Gott, in dieser Welt, und keiner ist außer dir, unser König, im Leben der kommenden Welt; nichts ist ohne dich, unser Erlöser, in den Tagen des Messias, und keiner ist dir ähnlich, unser Helfer, bei der Belebung der Toten" (vgl. erste Benediktion vor dem „Sch'ma"). Ein Prediger des 3./4. Jhs. pries die Juden, weil sie Gott lobten, „der treu ist, die Toten zu beleben" (Midrasch Tehillim, ed. S. Buber 240; vgl. zweite Benediktion des Achtzehngebets). Verbreitet war das Bekenntnis: „Wir glauben und anerkennen, daß du der eine bist, der die Seelen zurückbringt in die toten Körper" (Midrasch Bereschit Rabba XLVIII; Echa Rabbati 3; Tehillim, ed. S. Buber 210; vgl. das Morgengebet).

Die Weisen aber mußten sich mit zwei Grundbedenken auseinandersetzen: Ist Gott mächtig, Tote zu beleben? und: Wie werden die Toten wieder zum Leben erwachen? *„Kann denn Staub lebendig werden?“*, wurde Rabbi Gamaliel II. von einem gewissen Cäsar gefragt. Die Antwort, die statt seiner die Tochter dem Zweifler gab, wurde in zwei Fassungen tradiert (b Sanhedrin 91 a). Die erste erzählt von zwei Handwerkern: „Einer fertigt (Gefäße) aus Wasser, und einer fertigt sie aus Ton; wer von ihnen ist lobenswerter? Dieser erwiderte: Derjenige, der sie aus Wasser fertigt. Sie entgegnete: Wenn er (Gott) Menschen aus Wasser (d. i. aus einem Samentropfen) erschafft, um wieviel mehr vermag er dann, (Tote) aus Staub zu bilden?“ Nach der zweiten Fassung sagte sie: „Wenn ein Glasgefäß, das durch den Hauch eines (Menschen aus) Fleisch und Blut gefertigt wurde, wenn es zerbricht, wieder hergestellt werden kann, um wieviel mehr (ein Mensch aus) Fleisch und Blut, der durch den Hauch des Heiligen, gepriesen sei er, erschaffen wurde.“

Manche Erörterungen erscheinen uns wie müßige Spielereien; aber sie waren von existentiellem Ernst. Auf die Frage, ob die Verstorbenen nackt oder bekleidet auferstehen, antworteten die Rabbinen mit einem Gleichnis aus der Naturbeobachtung: „Wenn ein Weizenkorn, das nackt begraben wird, in viele Gewänder gehüllt hervorkommt, um wieviel mehr die Gerechten, die in ihren Gewändern begraben werden“ (Rabbi Meir in b Sanhedrin 90 b, Rabbi Chijja ben Josef in Ketubbot 111 b). – Immer wieder mußten die Lehrer auf die Sorgen um die personale Kontinuität zwischen den Verstorbenen und den Belebten eingehen. Um sie zu sichern, beschrieben sie die Auferstehung so, daß die Menschen zunächst mit dem gleichen Aussehen wiederbelebt würden, mit dem sie gestorben sind, und daher als dieselben erkannt werden könnten. Erst danach werde Gott den Leib der Gerechten verklären. So lehrte ein ungenannter Prediger: „Und warum kommt der Mensch so wieder, wie er fortgeht? Damit man nicht sage: Als sie noch lebten, heilte Gott sie nicht, nachdem sie aber gestorben sind, hat er sie geheilt, am Ende sind es dieselben gar nicht, sondern andere. Darum sprach Gott: Sie sollen so erstehen, wie sie fortgegangen, und hernach werde ich sie erst heilen“ (Midrasch Bereschit Rabba XCV, 46, 28).

Die Absicht, den Fragenden Trost zu spenden, bestimmte die Antworten, in denen es um die Belebung des verstorbenen Fleischesleibes geht und nicht – wie in den älteren Aussprüchen – um die Neuschöpfung des Leibes bei der Auferstehung: Nach einer Baraita soll die Seele nach dem Tod noch zwölf Monate in der Nähe ihres verstorbenen Leibes verweilen und sich erst dann von ihm zurückziehen (b Schabbat 152 b). Wenn der Körper zerfallen ist, benötigt die Seele zu einem vollen Leben wieder ihren eigenen Körper; bei der Totenbelebung soll er mit ihr abermals vereinigt werden (b Sanhedrin 91 a–b; Midrasch Wajikra Rabba IV, 4, 1).

Um die Lösung eines anderen Problems rangen die Weisen. Trotz der dogmatischen Formulierung: „Ganz Israel hat Anteil an der kommenden Welt" vertrat Rabbi Eleasar die Meinung, daß jene Israeliten, die außerhalb des Landes gestorben sind, nicht auferstehen werden. Rabbi Ila und Abaje milderten diese Auffassung durch die Annahme, daß die Gebeine der Verstorbenen auf unterirdischen Wegen nach Erez Jisrael wandern und dort an der Totenbelebung teilhaben werden (b Ketubbot 111 a). –

Der Gegensatz zu den Leugnern der Belebungshoffnung im eigenen Volk und zur heidnischen Umwelt zwang die Rabbinen zur Apologetik. Aber durch ihre Beweisführungen zieht ein ehrfürchtiges Sichbeugen vor der Größe Gottes, das in ein staunendes Lob des allmächtigen Schöpfers mündet: Er vollbringt beim Wachsenlassen des Menschen aus einem Samentropfen kein geringeres Wunder als in der Belebung der Toten.

2.2.4 „... und richtet sie gemeinsam"

Die ältere Tradition kannte nur die Hoffnung auf eine Belebung der ganzen Person. In der Übergangszeit vom 2. Jh. v. Chr. bis zum 1. Jh. n. Chr. drang zunächst die griechische Begrifflichkeit und in ihrem Gefolge auch die griechische Anthropologie in die rabbinischen Vorstellungen ein. Nun erachteten manche Weisen die Seele für höher und daher auch für verantwortlicher als den Körper. Rabbi Chijja (2. Jh.) lehrte über das endzeitliche Gericht: „Was tut Gott? Er läßt den Körper und rechtet nur mit der Seele. Sie antwortet vor ihm: Herr der Welten! Wir haben beide zugleich gesündigt, warum läßt du den Körper und rechtest mit mir? Gott spricht zu ihr: Der Leib ist von den Unteren, also von einem Orte, wo man sündigt; du aber bist von den Oberen, also von einem Orte, wo man nicht vor mir sündigt; darum lasse ich den Körper und rechte mit dir" (Midrasch Wajikra Rabba IV, 4, 1). Unter fremdem Einfluß gestaltete sich die biblische Vorstellung von „Seele" um zu der von Psyche als einer eigenen Größe mit Präexistenz: „Die Seelen derer, die einst geboren werden", sollen sich im siebten Himmel aufhalten, wo „Gerechtigkeit, Recht und Heil, die Schatzkammer des Lebens, des Friedens und des Segens" sich ebenso befinden wie „die Seelen der (verstorbenen) Gerechten" (b Chagiga 12 b). Die Nähe der Seelen der verstorbenen Gerechten zu Gott drückte unmittelbarer Rabbi Elieser aus: „Die Seelen der Gerechten werden unter dem Thron Gottes aufbewahrt" (b Schabbat 152 b).

Allgemein anerkannt hatten die Weisen bercits die Auffassung, daß der Mensch aus Körper und Seele besteht. Der Tod bedeutete die Trennung der Seele als dem Lebensprinzip vom Körper. Aber damit war die alte Vorstellung, daß Leben körperlich bestimmt sein muß, durchaus nicht aufgehoben. Zum Leben gehört der Körper; ihm verdankt die Seele die Lebensbetätigung. Daher erwartete man die Belebung des verstorbenen Fleischleibes und seine Wiedervereinigung mit seiner Seele im Endgericht: „Antonius sprach zu Rabbi: Körper und Seele können sich gegenseitig vor dem Gericht freisprechen. Wie? Der Körper kann sagen: Die Seele ist die Schuldige; denn von dem Tage an, da sie sich von mir getrennt hat, liege ich wie ein stummer Stein im Grabe. Ebenso kann aber auch die Seele sagen: Der Körper ist der Schuldige; denn von dem Tage an, da ich mich von ihm getrennt habe, fliege ich (frei) wie ein Vogel in der Luft herum." Rabbi (Jehuda Ha-Nasi, 2. Jh.) entgegnete mit einem Gleichnis: Ein lahmer und ein blinder Wächter sollten einen Obstgarten schützen. „Da sagte der Lahme zum Blinden: Ich sehe gutes Frühobst im Garten, komm laß mich auf dir hinreiten und wir wollen es holen, um es zu essen. Da ritt der Lahme auf dem Blinden und sie holten es und aßen es." Als der Gartenbesitzer kam, durchschaute er die beiden Wächter. „Er setzte den Lahmen auf den Blinden und richtete sie gemeinsam. So bringt auch der Heilige, gepriesen sei er, die Seele in den Körper zurück und richtet sie gemeinsam" (b Sanhedrin 91 a–b; als Baraita im Namen des Rabbi Ismael, 1./2. Jh., tradiert im Midrasch Wajikra Rabba IV, 4, 1). Obwohl auch hier in der Ausgestaltung des Gerichtsgedankens die griechische Linie deutlich erkennbar ist, wird doch die Beteiligung der einheitlichen leiblich-seelischen Existenz an der Auferstehung unterstrichen; wie Leib und Seele gemeinsam gesündigt haben, werden sie auch gemeinsam ins Gericht geführt.

Der Vergeltungsbegriff prägte den Auferstehungsglauben: die Einschränkung, daß nur die Gerechten belebt werden, spornte zu sittlichem Handeln an. Neben dieser starken Komponente gehörte aber ebenso die der Belebungshoffnung innewohnende Schöpfer- und Segenskraft zum Ganzen der Überlieferung. Sie formte sogar die Auffassung von den präexistenten Seelen mit; denn aus dem siebten Himmel, in dem sie sich aufhalten, tropft auch „der Tau, durch den der Heilige, gepriesen sei er, dereinst die Toten beleben wird" (b Chagiga 12 b). Die Schilderungen der reichen Fruchtbarkeit in der „kommenden Welt" drückten aus, daß dann Gottes Segenskraft die Schöpfung ungehindert durchströmt und in den Garten Eden verwandelt (b Ketubbot 111 b; Schabbat 30 b; Midrasch Bereschit Rabba XV, 2, 8; XVI, 2, 10 ff.). Die Traditionsliteratur zeigt, daß die Rabbinen nicht nur eine Fortsetzung der bisherigen, sondern die Erneuerung der Schöpfung erwarteten. In ihr werden auch die Gebete der Frommen dieser Welt voll erhört und alles Böse, selbst „der böse Trieb" im Menschen beseitigt (b Berachot 17 a).

2.3 *Die nachtalmudische Zeit*

2.3.1 Philosophen im Mittelalter

Auf die erfindungsreiche rabbinische Eschatologie wirkten die mittelalterlichen jüdischen Philosophen durch ihr begriffliches und systematisches Denken ein. Sie versuchten, die infolge der griechischen Philosophie herrschende Vorstellung von der Unsterblichkeit der Seele mit der rabbinischen Lehrmeinung von der Totenbelebung zu vereinen. Saadja Gaon (892–942) gelang dies auf seine Weise, indem er den Zustand der wiedervereinigten Seele und des Körpers nach der Auferstehung als einen von geistiger Glückseligkeit beschrieb (Ha-Emunot we-ha-Deot 9, 5). Er behauptete, daß die Gerechten und die Sünder, die Buße getan haben, auferstehen werden (7). Für Maimonides (1135–1204) stand die Unsterblichkeit der Seele an erster Stelle (More Nebuchim 2, 27; 3, 54). Der Verstorbene wird in die Teile, aus denen er zusammengesetzt ist, getrennt, weil es „in der kommenden Welt keine Körper gibt, vielmehr die Seelen der Gerechten allein ohne einen Körper gleich den dienenden Engeln“ existieren (Mischne Tora, Teschuba 8, 2). Erst als er erfuhr, daß die jeminitischen Juden sich durch seine Ansichten in ihrer Auferstehungshoffnung erschüttern ließen, bestätigte er in seiner „Abhandlung über die Totenbelebung“ den Auferstehungsglauben. Die von Maimonides aufgestellten dreizehn Glaubensartikel schlossen mit dem Bekenntnis: „Ich glaube mit vollkommenem Glauben an die Auferstehung von den Toten zu der Zeit, da es der Wille des Schöpfers ist, sein Name sei gelobt und erhoben und sein Gedenken von Ewigkeit zu Ewigkeit.“ Maimonides war überzeugt, daß die Unsterblichkeit von der Erkenntnis bestimmter Prinzipien abhängt. Daher muß nach seiner Auffassung jeder Jude die dreizehn Glaubenswahrheiten anerkennen, um Anteil am ewigen Leben zu haben.

Wenn sich auch die jüdischen Religionsphilosophen über die Totenbelebung verschiedene Ansichten bildeten, so stimmten sie doch darin überein, daß jeder für seine Taten verantwortlich ist und darum die Körper-Seele-Einheit der menschlichen Person unteilbar sein muß (dies lehnte Maimonides jedoch ab).

2.3.2 Vorstellungen der Mystik (Kabbala)

An der körperlichen Auferstehung der Toten „am großen Gerichtstag“, am Ende der Tage der Erlösung, zweifelten die Kabbalisten nicht. Ihre neuartigen Gedanken kreisten um das Geschick derer, die auferweckt werden sollten. Der Verfasser des Sohar spricht von „heiligen Körpern“, ohne jedoch seine besondere Ansicht von ihrer Zukunft darzulegen. Eine weitverbreitete Auffassung setzte „die kommende Welt“ mit der sich entfaltenden „Intelligenz“ Gottes, der Sefira bina und ihren Manifestationen, gleich. Nach dem Leben der Freude, das die Auferweckten genießen, wird diese Welt vernichtet bzw. kehrt in das Chaos zurück, damit sie in neuer Gestalt wieder erschaffen werden kann. Vielleicht würde „die kommende Welt“ die Schöpfung eines anderen Gliedes in der Kette der „Schöpfungen“ sein oder sogar die Schöpfung einer geistigen Existenz, durch die alle existierenden Dinge aufsteigen, um zu ihrem „höheren Ursprung“ zurückzukehren.

Die meisten Mystiker nahmen nur eine Schöpfung und entsprechend nur eine ewige „kommende Welt" an. Einige Kabbalisten beschränkten den großen Gerichtstag auf die Völker der Welt und lehrten, daß die Seelen Israels unmittelbar nach dem Tod gerichtet werden.

2.3.3 Richtungen im 19. und 20. Jahrhundert

Für die Orthodoxie gelten verbindlich die religionsgesetzlichen Bestimmungen, wie sie seit der Zeit des Zweiten Tempels, des Talmud und der mittelalterlichen Gesetzeswerke immer wieder interpretiert worden sind. Sie läßt weder ihre traditionelle Lebenshaltung noch die überlieferten Glaubenslehren durch ein neuzeitliches Bewußtsein von der Welt in Frage stellen. Dennoch verstehen mehr traditionelle Kreise den Glauben an die Auferstehung weniger wörtlich als vielmehr als eine Bezeugung, daß von Gott das endgültige Heil für den einzelnen abhängt, und zwar für seine ganze Person in körperlich-seelischer Einheit, nicht aber vornehmlich für sein geistiges Wesen.

Das moderne Judentum in seinen verschiedenen Verwirklichungen will den Menschen unter den veränderten Lebensumständen ansprechen, indem es die geschichtlich gewachsenen Glaubensvorstellungen und Erscheinungsformen fortbildet oder durch neue ersetzt; sie sollen den wesentlichen Gehalt der jüdischen Religion – das Wissen um den *einen* Gott und das Sittengesetz – bewahren. Die amerikanische Reformbewegung bekannte sich zur „Lehre des Judentums, daß die Seele des Menschen unsterblich ist" und verwarf „als Vorstellungen, die nicht im Judentum verwurzelt sind, die Überzeugungen des Glaubens sowohl an die körperliche Auferstehung als an Gehenna und Eden (Hölle und Paradies) als Orte für endlose Strafe oder Belohnung" (7. Grundsatz der Pittsburgh Platform von 1885).

Anders als in der europäischen Reformbewegung des 19. und beginnenden 20. Jahrhunderts, die dazu neigte, die traditionelle Formel der Totenbelebung in der Liturgie beizubehalten, sie aber in der Übersetzung auf die Unsterblichkeit hin zu deuten, spiegelt sich die radikale Auffassung in den Gebetbüchern der Reformgemeinden in den USA und auch in dem der religiös-kulturellen Rekonstruktionismus-Bewegung des amerikanischen Judentums: die den Auferstehungsglauben beteuernde Aussage wurde entfernt.

Mordecai M. Kaplan, der im 20. Jh. die Ideologie des Rekonstruktionismus entwickelte, erkannte, daß sich viele vom religiösen Judentum wandten, weil sie in der Tradition Ideen über Gott als Person, über Schöpfung, Offenbarung, Israels Erwähltsein, über Lohn und Strafe, Tod und Auferstehung fanden, die sich mit wissenschaftlichen Erkenntnissen nicht vereinbaren lassen. Aus dem Bedürfnis des jüdischen Volkes, anderen zu helfen und Sittlichkeit in vollem Maß in der Welt zu verbreiten und zu verwurzeln, entstand die Vorstellung eines Gottes, der sittliches Handeln gebietet. Entsprechend der antiken Auffassung wurde er in persönlicher Anrede zum Forderer von Gehorsam, versprach Belohnung und Strafe und gab den ihm Treuen Hoffnung auf ewiges Leben und Auferstehung. Der heutige Mensch könne Gott als die Kraft im Kosmos, im einzelnen und in der Menschheit erfassen: sie wandelt das Sein, das die Wissenschaft erforscht, in das Sein-Sollen um, welches das sittliche Gesetz verlangt. Der Glaube an die leibliche Auferstehung der Toten vor dem Gerichtstag und an „die kommende Welt", „die jene bewohnen würden, denen ewiges Leben zugesprochen wurde", „sind ohne Zweifel ein Ausdruck des göttlichen Antriebs im Menschen, nicht nur für sich selbst und für den gegenwärtigen Augenblick zu leben, sondern auch für die Menschheit und ihre Zukunft. Unseren Ausblick auf das menschliche Leben auf die Spanne unserer irdischen Existenz zu begrenzen, würde alle Werte zerstören. Insofern als das Gute, das wir tun, während wir leben, Früchte trägt, nachdem wir gegangen sind, haben wir einen Anteil an der kommenden Welt" (M. M. Kaplan, Questions Jews Ask: Reconstructionist Answers, 1956/72, 180f.).

Leo Baeck brachte in seinem grundlegenden Werk „Das Wesen des Judentums", 1906, die Anschauungen in ein System, die das religiös-liberale Judentum in Deutschland im 19. Jh. entwickelt hatte. Er erinnerte daran, „mit welch mitleidigem Spott ein Maimonides all die phantastischen, sinnlichen Vorstellungen von der kommenden Welt abtut als ein Kinderspiel vergangener Zeiten". Dadurch sei „verhütet worden, daß das lockende oder drohende Bild des Jenseits den sittlichen Ernst beeinträchtigte, daß das Gebot des Tages in seiner Bedeutung herabgemindert, die Erde der steten Bewährung der Sittlichkeit entzogen wurde. Als die verheißene Vollendung menschlichen Ringens wird die künftige Welt das Ziel der Heiligkeit und Vollkommenheit und damit zur Forderung sittlichen Strebens auf Erden ... Dem Menschen ist sein Weg gewiesen, den er gehen soll, und die Unsterblichkeit läßt diesen seinen Weg über sein Erdendasein hinausgehen. Der Mensch schafft ewiges Leben. Auch die Unsterblichkeit wird im Judentum zum Gebote" ([4]1926; 6. Auflage, S. 205).

LITERATURHINWEISE

Die Bezeichnung „b" vor dem Namen des Traktats meint den babylonischen, „j" den jerusalemischen Talmut, „M" die Mischna.

Literatur zur Einführung

Ben-Chorin, Sch., Der dreidimensionale Mensch, Trier 1971, S. 153ff.

–, Jüdischer Glaube, Tübingen 1979, S. 299ff.

Navè Levinson, P., Einführung in die rabbinische Theologie, Darmstadt 1982, S. 76ff.

Thoma, C., Christliche Theologie des Judentums, Aschaffenburg 1978, § 223.

Spezielle Literatur

Maier, J., Geschichte der jüdischen Religion, Berlin 1972.

Marmorstein, A., Studies in Jewish Theology, London/New York/Toronto 1950, 145ff. 162ff.

Molin, G., Entwicklung und Motive der Auferstehungshoffnung vom AT bis zur rabbinischen Zeit, in: Judaica 9, Zürich 1953, S. 225–239.

Moore, G. F., Judaism in the First Centuries of the Christian Era, Vol. II, Cambridge 1962, S. 287ff. 377ff.

Scholem, G., Die jüdische Mystik in ihren Hauptströmungen, Zürich 1957.

Schubert, K., Die Entwicklung der Auferstehungslehre von der nachexilischen bis zur frührabbinischen Zeit, in: Biblische Zeitschrift 6, Paderborn 1962, S. 177–214.

Lexika

Encyclopaedia Judaica, Jerusalem, [4]1978, Vol. 2, 336–39; Vol. 6, 860–883; Vol. 12, 1355–57; Vol. 14, 96–103.

Jüdisches Lexikon, Königstein/Ts. 1927/1982, I, 566–68; II, 502–10; III, 1205f.; IV/1, 559–63.

LUDWIG HAGEMANN

Eschatologie im Islam

Neben der Lehre vom alleinigen und allmächtigen Schöpfergott gehört der Glaube an den Jüngsten Tag, an das endzeitliche Gericht und an das Leben nach dem Tod zu den Kernaussagen der Botschaft Muhammads. In seiner frühen Verkündigung spielte die Androhung des nahen Gerichts eine entscheidende Rolle: „Die Katastrophe, die zu erwarten ist, steht nahe bevor. Niemand kann sie beheben, außer Gott" (Koran 53, 57–58)[1]. Diese Naherwartung erscheint jedoch in späterer Zeit abgeschwächt, wenn es heißt: „Vielleicht steht sie nahe bevor" (Koran 17, 51). Jenseits dieser Frage und sie übergreifend, steht das unerschütterliche koranische Bekenntnis, daß Gott, der Herr des Gerichts (Koran 1, 4), alle Menschen am Jüngsten Tag zur Rechenschaft ziehen wird, ihnen nach ihren Taten vergelten, sie belohnen oder bestrafen wird. In unzähligen Versen spricht der Koran von der Auferstehung und dem Endgericht. Ausführlich ist vom Schicksal der Erwählten und vom Los der Verdammten die Rede, und in anschaulichen Bildern werden sowohl die Freuden des Paradieses als auch die Qualen der Hölle geschildert. Auch die islamischen Ḥadīth-Sammlungen legen in zahlreichen Vorstellungen und bildhaften Ausmalungen Zeugnis ab vom Endgericht und von der endzeitlichen Vergeltung.

Der fünfte Artikel des islamischen Glaubensbekenntnisses, der die Wiederauferstehung nach dem Tod und den Jüngsten Tag zum Inhalt hat, kann sich so mit Recht auf den Koran und die Tradition, die beiden Hauptquellen des Islams, stützen.

1. Der Glaube an das Leben nach dem Tod

Die wichtigsten Grundsätze, die der fünfte Artikel des islamischen Glaubensbekenntnisses enthält, sind nach S. Maudoodī folgende:

„Daß das Leben dieser Welt und all dessen, was in ihr ist, an einem festgesetzten Tag zu Ende gehen wird. Alles wird dann vernichtet werden. Dieser Tag heißt *Yaumu-l-qiyāma,* das bedeutet ‚der Jüngste Tag'.

Daß alle Menschen, die seit Anbeginn auf Erden gelebt haben, dann wieder zum Leben erweckt und vor Gott gebracht werden, der an diesem Tag zu Gericht sitzen wird. Dies nennt man *Haschr*: Versammlung (der Toten).

Daß die gesamten Aufzeichnungen über jeden Mann und jede Frau – eine vollständige Niederschrift aller ihrer Taten und Missetaten – Gott zur endgültigen Beurteilung vorgelegt werden.

Daß Gott schließlich die Entscheidung über die Belohnung oder Bestrafung jedes Menschen fällen wird. Er wird die guten und schlechten Taten eines jeden gegeneinander abwägen. Der, dessen gutes Tun überwiegt, wird mit einer herrlichen Belohnung bedacht; der aber, bei dem die Missetaten das Übergewicht haben, wird bestraft werden.

Daß Belohnung und Bestrafung weise und verständnisvoll gehandhabt werden. Jene, die aus diesem Gericht erfolgreich hervorgehen, werden ins Paradies eingehen und die Tore zu ewiger Glückseligkeit werden für sie aufgetan werden; jene, die verurteilt sind und Bestrafung verdienen, werden in die Hölle geschickt, ein Aufenthaltsort des Feuers und der Qualen."[2]

1.1 Die Unausweichlichkeit des Todes

Keiner kann dem Tod entrinnen; jeder Mensch wird einmal sterben. So steht es im Koran geschrieben: „Wir haben bestimmt, daß der Tod unter euch (wirksam) sein soll. Man kann uns nicht davonlaufen (und verhindern), daß wir (andere) euresgleichen (gegen euch) eintauschen und euch auf eine Weise (wieder)entstehen lassen, von der ihr nichts wißt" (Koran 56,60–61). Der Tod ereilt einen jeden Menschen, wo immer er sich auch aufhalten oder wohin er sich auch zurückziehen mag: „Wo ihr auch seid, wird euch der Tod erreichen, und wäret ihr in hochgebauten Türmen" (Koran 4,78), und: „Sag: Der Tod, vor dem ihr flieht, wird euch (auf jeden Fall) einholen ..." (Koran 62,8). So ist der Tod der ständige Begleiter des Menschen. Gott selbst, der Herr über Leben und Tod, hat es so bestimmt (Koran 56,60), „um die Menschen auf die Probe zu stellen und zu sehen, wer von ihnen am besten handelt" (Koran 67,2). Keiner lebt ewig: „Ein jeder wird (einmal) den Tod erleiden" (Koran 21,35).

1.2 Der Tod und seine Folgen

Der Tod ist nach islamischem Verständnis nicht in erster Linie Folge der Sünde, sondern nach der von Gott festgesetzten Zeit Heimkehr zu ihm, der den Menschen auch ins Dasein gerufen hat: „Schließlich werdet ihr zu eurem Herrn zurückkehren" (Koran 6,164).

1.2.1 Das Zwischengericht

Was zwischen Tod und Auferstehung geschieht, wird ausführlich in der islamischen Überlieferung geschildert. Eine besondere Bedeutung kommt dabei dem Todesengel zu, dessen Name laut Tradition 'Izrā'īl ist. Von ihm heißt es im Koran: „Sag: Der Engel des Todes, der über euch eingesetzt ist, wird euch (wenn eure Frist abgelaufen ist) abberufen. Hierauf werdet ihr zu eurem Herrn zurückgebracht werden" (Koran 32,11). Auch andere Engel können diese Abberufung vornehmen (Koran 16,28.32–33; 4,97). Nach der Überlieferung fällt dem Todesengel die Aufgabe zu, die Seele vom Körper des Verstorbenen zu trennen und sie zum Himmel zu führen. Gehört sie zu den Gerechten, dann erfährt sie dort, daß Gott ihr alle ihre Sünden vergeben und sie für das Paradies bestimmt hat. Sie kehrt daraufhin noch einmal zu ihrem Körper zur Erde zurück. Zählt aber eine Seele zu den Verdammten, wird sie bereits am untersten Himmelstor abgewiesen und auf die Erde zurückgestoßen, wo sie von den Zabaniya, den Höllenwärterengeln, an den Versammlungsort der Verdammten gebracht wird.

1.2.2 Die Befragung im Grab

Dem Zwischengericht im Himmel folgt nach der Bestattung des Leichnams die Befragung im Grab. Entsprechend der Überlieferung werden die Verstorbenen auf ihren Glauben hin wie folgt befragt:

Wer ist dein Gott?
Wer ist dein Prophet?
Was ist deine Religion?
Wohin zeigt deine Gebetsrichtung?

Wenn der Verstorbene richtig zu antworten weiß (Gott – Muhammad – Islam – Mekka), nehmen sich seiner die Engel Mubashar (Frohe Botschaft) und Bashīr (Verkünder froher Botschaft) an; er wird getröstet und vernimmt die Verheißung des Paradieses (vgl. Koran 41,30; 16,32). Gibt aber der Tote falsche Antworten, dann wird er schon im Grab gepeinigt; die Engel Munkar (das Verwerfliche) und Nakīr (das Negative) schlagen ihn mit eisernen Keulen auf Gesicht und Rücken (vgl. Koran 47,27; 8,50).

1.2.3 Die Wartezeit

Dann folgt die Wartezeit bis zum Endgericht am Jüngsten Tag. Der Zustand, in dem sich die Seelen während dieser Zeit befinden, kommt dem des trunkenen Schlafes gleich. Wenn schließlich der Jüngste Tag anbricht, scheint es ihnen so, „als ob sie (seit ihrer Abberufung) nur eine Stunde des Tages (im Grab) verweilt hätten ..." (Koran 10,45); oder: „nur einen Abend und den darauffolgenden Morgen" (Koran 79,46); oder: „nur zehn (Tage im Grab) ..." (Koran 20,103).

2. Der Jüngste Tag

Die Ankündigung des Jüngsten Tages gehört zu den eindringlichsten Koranverkündigungen. Jener Tag, so sagt der Koran, wird ein „Tag der Abrechnung" (Koran 38,53) für alle Menschen sein: „Gott hat es (alles) gezählt (und aufgezeichnet), während sie es vergessen haben. Er ist über alles Zeuge" (Koran 58,6).

In anschaulichen Bildern beschreiben der Koran und die islamische Tradition das furchterregende Drama am Jüngsten Tag, wenn sich das eschatologische Gericht Gottes ankündigt. Eingeleitet wird dieses Gericht durch die sich in gewaltigen kosmischen Erscheinungen manifestierende „große Katastrophe" (Koran 79,34); dann wird Gott „ganz gewaltig zupacken" (Koran 44,16).

2.1 „*Der Posaunenstoß des Schreckens*"

Wiederholt ist im Koran von einem gewaltigen Posaunenstoß die Rede, der den Tag des Gerichts ankündigen wird (vgl. Koran 18,99; 23,101; 78,18; 79,13; 74,8; 27,87; 36,51; 39,68; 50,20; 20,102). Als der Posaunenengel gilt in der islamischen Tradition Isrāfīl. Am Thron Gottes stehend, wartet er in ständiger Bereitschaft auf den göttlichen Einsatzbefehl. Sobald das Ende der Zeit gekommen ist, bläst er in die Trompete. Die Tradition nennt diesen ersten Posaunenstoß den „Posaunenstoß des Schreckens"; denn er hat die Vernichtung der bestehenden Weltordnung zur Folge[3]. In anschaulichen Bildern schildert derKoran die schaurigen Katastrophen, die den gesamten Kosmos erfassen, ihn erschüttern und zerstören (vgl. Koran 82,1–5; 81,1–14; 69,13–51; 77,7–14; 75,1–13). Angesichts dieses dramatischen Schauspiels werden die Menschen von panischer Angst ergriffen: „Ihr Menschen! Fürchtet euren Herrn! Das Beben der Stunde ist etwas Gewaltiges. Am Tag, da ihr es sehen werdet, wird jede stillende (Frau) vergessen, auf ihren Säugling zu achten, und jede, die schwanger ist, (vorzeitig) zur Welt bringen, was sie trägt. Und du siehst die Menschen (wie) betrunken, ohne daß sie es sind. Die Strafe Gottes ist eben schwer" (Koran 22,1–2).

2.2 „*Der Posaunenstoß der Ohnmacht*"

So bezeichnet die Tradition den zweiten Posaunenstoß von Isrāfīl am Jüngsten Tag. Sobald er ertönt, wird – von Ausnahmen abgesehen – alle lebende Kreatur vernichtet: „Und es wird in die Trompete geblasen. Dann fallen (alle), die im Himmel und auf der Erde sind, (wie) vom Blitz getroffen (bewußtlos) zu Boden, soweit es Gott nicht anders will" (Koran 39,68; vgl. 52,45). Diesem Schicksal entrinnen nur jene Geschöpfe, deren Überleben Gott selbst beschlossen hat. Dazu gehören laut Tradition die Märtyrer, die vier

Engel Gabriel, Isrāfīl, Michael und 'Izrā'īl, ferner die acht Träger des Gottesthrones. Nach einer anderen Überlieferung wird am Jüngsten Tag keine Kreatur überleben.

2.3 „Der Posaunenstoß der Auferstehung"

Mit ihm hebt der Tag der allgemeinen Auferstehung an. Dann wird Gott alle Toten auferwecken: „Es wird in die Trompete geblasen, und gleich eilen sie aus den Grüften zu ihrem Herrn" (Koran 36,51; vgl. 22,7). Damit schließt sich der Kreislauf des Lebens, der von der Erschaffung des Menschen über seinen Tod zur Auferstehung führt (vgl. Koran 23,12–16), die nach dem Koran als Wiederholung der Schöpfung zu verstehen ist: Die erste Schöpfung Gottes, die Existenz im Diesseits, findet ihr Ziel in einer radikal neuen Schöpfung, der Existenz im Jenseits (vgl. Koran 27,64; 30,11).

2.4 Die Versammlung zum Gericht

Nach der allgemeinen Auferstehung wird Gott alle Lebewesen von den Engeln bis zu den Tieren an einem Ort versammeln. Für die Menschen bricht nun die Stunde des Gerichts an. Die Gläubigen, die durch ihre weiße Gesichtsfarbe von den schwarzen Gesichtern der Ungläubigen deutlich zu unterscheiden sind, stehen unter der „Fahne des Lobes Gottes"; auf ihr steht das islamische Glaubensbekenntnis geschrieben: „Es gibt keinen Gott außer Gott, und Muhammad ist sein Gesandter." Furcht und Angst befällt die Menschen angesichts der Erwartung des bevorstehenden Gerichts (vgl. Koran 27,87; 70,11–14). Besonders die Ungläubigen sehen dieser Stunde mit Schrecken entgegen, „da die Strafe sie von oben und unten her (ganz) eindeckt und Gott sagt: ‚Nun bekommt ihr zu spüren, was ihr (in eurem Erdenleben) getan habt'" (Koran 29,55). Die Gläubigen hingegen werden getröstet; sie brauchen nicht zu bangen; denn ihnen wird zugerufen: „‚Ihr meine Diener braucht heute (wegen des Gerichts) keine Angst zu haben, und ihr werdet (nach der Abrechnung) nicht traurig sein, (ihr) die ihr (in eurem Erdenleben) an unsere Zeichen geglaubt habt und (uns) ergeben waret'" (Koran 43,68–69).

3. Das Endgericht

„Die Stunde (des Gerichts) wird bestimmt kommen. An ihr ist nicht zu zweifeln" (Koran 40, 59). Richter ist Gott allein. Er ist der gerechte Richter. Niemandem wird Unrecht getan, denn „Gott weiß über alles Bescheid" (Koran 24, 64); vor ihm bleibt nichts verborgen: „Ihr mögt, was in euch ist, kundtun oder geheimhalten, Gott rechnet (dereinst) mit euch darüber ab ..." (Koran 2, 284); dann wird „jedem voll heimgezahlt ..., was er begangen hat" (Koran 2, 281).

Wenn Gott auf seinem von acht Engeln getragenen Thron erscheint (vgl. Koran 69, 17; 2, 210), wird er einem jeden den verdienten Lohn zuteilen. Der Engel Gabriel, so die Überlieferung, erhält den Auftrag, das Paradies und die Hölle herbeizuschaffen. An die rechte Seite des Thrones wird das Paradies gebracht, die Hölle an die linke Seite. Sodann wird die Brücke Ṣirāṭ über das Höllenfeuer gespannt und die Himmelswaage aufgestellt. Daraufhin werden die Tore des Paradieses und der Hölle geöffnet. Es erscheinen der „Engel der Barmherzigkeit" mit den Ehrengewändern für die, die in das Paradies eingehen werden, und der „Engel der Strafe" mit Ketten, Fesseln und Kleidern aus Teer für die Verdammten. Die Menschen hören dann den Schrei: „O Bewohner des Gartens! Ewig dort ohne Tod! O Bewohner des Feuers! Ewig dort ohne Tod!"[4]

3.1 Der Mensch vor Gott

In der Stunde des Gerichts steht jeder Mensch allein vor Gott. Einen Mittler gibt es nicht. Jeder ist für seine Taten allein verantwortlich und „haftet für das, was er begangen hat" (Koran 74, 32). Das Gericht ist der Zeitpunkt, „an dem niemand etwas anstelle eines andern übernehmen kann, und (an dem) von niemand Fürbitte (die er für sich vorzuweisen hätte) oder Lösegeld (für seine Person) angenommen wird, an dem sie (d. h. die Menschen, die vor dem Richter stehen) keine Hilfe finden werden" (Koran 2, 48; 2, 123).

3.2 Das Zeugnis der Propheten

In der Stunde des Gerichts wird jeder Mensch einen Zeugen für seine Taten haben (Koran 50, 21). Während Gott Zeuge über alles ist (Koran 34, 47), treten die verschiedenen Propheten, so der Koran, als Zeugen gegen ihre jeweiligen Völker auf, zu denen sie einst von Gott gesandt worden waren: „Und am Tag (des Gerichts), da wir von jeder Gemeinschaft einen Zeugen auftreten lassen (damit er über sie aussage)! Darauf wird denen, die ungläubig sind, nicht erlaubt (zu sprechen und sich zu rechtfertigen) ..." (Koran 16, 84; vgl. 16, 89). In Koran 10, 47 heißt es: „Und jede Gemeinschaft hat einen Gesandten. Wenn nun (beim Gericht zu den Leuten einer Gemeinschaft) ihr Gesandter kommt (und Zeugnis über sie ablegt), wird zwischen ihnen in Gerechtigkeit entschieden. Und ihnen wird (dabei) nicht Unrecht getan" (vgl. Koran 39, 69).

Jesus tritt an jenem Tag als Zeuge gegen die Juden und die Christen auf (Koran 4, 159).

3.3 Die Möglichkeit der Fürsprache bei Gott

Die Entscheidung, ob jemand zugunsten eines Menschen oder eines Volkes Fürsprache einlegen darf, „steht an jenem Tag (einzig und allein) Gott zu" (Koran 82, 19). Nur er kann, sofern er will, jemandem die Möglichkeit der Fürsprache einräumen (Koran 20, 109; 19, 87; 43, 86; 10, 3; 34, 23; 2, 255). Wenn Gott es will, dürfen auch die Engel mit seiner Erlaubnis für die Menschen fürbittend eintreten (vgl. Koran 78, 38; 53, 26; 21, 28; 40, 7).

Laut Tradition räumt Gott Muhammad das Recht ein, eine wirksame Fürbitte für die Muslime einzulegen, um ihnen auf diese Weise den Weg ins Paradies zu ebnen.

3.4 Die Bücher

Um festzustellen, was der Mensch in seinem Erdenleben an guten und bösen Werken getan hat, kennen Koran und Tradition verschiedene Mittel: Zunächst werden die Bücher aufgeschlagen, in denen die Taten der Menschen wahrheitsgetreu aufgezeichnet sind (Koran 23,62; 54,52; 83,7–9.18–21 u.ö.). Gott kann alle Werke bezeugen, denn er hat sie selbst gezählt und aufgeschrieben (Koran 58,6). An anderer Stelle heißt es im Koran: „Jedoch sind Hüter über euch gesetzt, vornehme (Engel), die (alles) aufschreiben und die wissen, was ihr tut" (Koran 82,10–12).

Die gerechten und gottesfürchtigen Menschen, so präzisiert der Koran, tragen das Verzeichnis ihrer Taten in der rechten (Koran 84,7; 69,19; 17,71), die bösen in der linken Hand (Koran 69,25); den Ungläubigen wird es von hinten her gereicht (Koran 84,10).

3.5 Die Waage

Neben den Büchern wird beim Jüngsten Gericht eine himmlische Waage für „Recht und Gerechtigkeit" sorgen (Koran 42,17; 21,47; 55,7): „Wer (dann auf Grund seiner guten Werke) schwere Waagschalen hat, hat ein angenehmes Leben (im Paradies). Wer aber leichte Waagschalen hat, um den ist es geschehen" (Koran 101,6–9). Die Tradition hat diese Vorstellung von der Himmelswaage in vielfältigen Bildern weiter ausgemalt.

3.6 Die Brücke

Nach dem Koran erhalten schließlich die Engel von Gott den Befehl, die Menschen „auf dem Weg zum Höllenbrand" zu führen (Koran 37,23). Die Überlieferungen stellen diesen Weg (Ṣirāṭ) als eine enge Brücke, als einen äußerst schmalen Steg über dem Höllenbrand dar, dünner als ein Haar und schärfer als ein Schwert. Diese Brücke führt vom Gerichtsort über die Hölle hinweg zum Tor des Paradieses. Beim Versuch, die Brücke zu überqueren, stürzen die Ungläubigen in die Hölle, während die Gläubigen mit unvorstellbarer Geschwindigkeit hinübereilen und ins Paradies gelangen.

4. Das endgültige Urteil Gottes

Das endgültige Urteil fällt Gott in eigener Souveränität ganz allein. Er vergibt, wem er will, und er bestraft, wen er will (Koran 2,284; 4,134). Sein Urteil ist definitiv gültig und unabänderlich: „Was ich (einmal) gesagt habe, wird nicht (mehr) abgeändert ..." (Koran 50,29).

Der Platz, der den Menschen auf Grund des göttlichen Urteils zugewiesen wird, läßt erkennen, wen Gott für die Freuden des Paradieses und wen er für die Qualen der Hölle bestimmt hat: Die zur Seligkeit Berufenen werden zur Rechten Gottes geführt (Koran 74,39; 90,18; 56,8.27.38.90f.), die Unglückseligen zu seiner Linken (Koran 56,41). Was die Bücher, die Himmelswaage und der Weg über den Höllenbrand ans Licht gebracht haben, besiegelt Gott durch sein endgültiges Urteil. An den Gesichtern der Menschen wird man erkennen können, wie Gottes Urteil ausfallen wird: Die strahlenden Gesichter zeigen die Bestimmung für das Paradies an, die finsteren hingegen die Verdammung zur Hölle (Koran 75,22–25; 80,38–42; 3,106).

5. Die Vergeltung

Gott wird jedem Menschen in dem Maße vergelten, wie er es auf Grund seiner Werke verdient hat (Koran 45,14f.; 46,19; 36,54; 40,17; 39,7; 2,284; 53,31). So ist die Mahnung Muhammads zu verstehen: „Legt euch (im Diesseits) einen Vorrat (an guten Werken) an! Und fürchtet Gott" (Koran 2,223), denn „was ihr für euch (im Erdenleben) vorweg an Gutem tut, das werdet ihr (dereinst) bei Gott vorfinden" (Koran 2,110). Die Vergeltung, die das endgültige Urteil nach sich zieht, ist gerecht. Denn Gott ist der gerechte Richter, der jedem den ihm zustehenden Lohn zukommen läßt. Doch ist Gott kein kühler Abrechner, sondern in seiner Art gütig und barmherzig. Die Gerechten wird er belohnen, „die Heuchler aber, wenn er will, bestrafen, oder sich ihnen (gnädig) wieder zuwenden. Er ist barmherzig und bereit zu vergeben" (Koran 33,24). Nur der Unglaube ist unverzeihlich: „Denen, die ungläubig sind und (ihre Mitmenschen) vom Wege Gottes abhalten und hierauf als Ungläubige sterben, wird Gott nicht vergeben" (Koran 47,34).

5.1 Die A'rāf

Neben Paradies und Hölle als den Stätten der ewigen Vergeltung erwähnt der Koran noch einen dritten Ort im Jenseits zwischen Paradies und Hölle, die A'rāf: „Und zwischen ihnen beiden (d. h. den Insassen des Paradieses und denen der Hölle) befindet sich eine Scheidewand, und auf den Höhen (a'rāf) sind Männer, die alle (Gläubige wie Ungläubige) an ihrem Zeichen erkennen. Und sie rufen den Insassen des Paradieses zu: ‚Heil sei über euch!' Sie kommen nicht in das Paradies hinein, wenngleich sie (danach) verlangen. Und wenn ihr Blick sich den Insassen des Höllenfeuers zuwendet, sagen sie: ‚Herr! Weise uns nicht dem Volk der Frevler zu!'" (Koran 7,46–47). In die A'rāf kommen jene Menschen, deren gute und böse Taten sich aufheben und ausgleichen. Ihr Aufenthalt dort ist zeitlich befristet. Schließlich werden sie, sofern sie gläubig gewesen sind, ins Paradies eingehen.

5.2 Die Hölle

Die Hölle ist der Ort der Verdammten. Ewiger Pein sind sie dort ausgesetzt. Als Gründe für die Verdammung nennt der Koran an vielen Stellen den Unglauben der Menschen und ihre bösen Werke (vgl. Koran 20,127; 52,11–14; 40,69–70 u. ö. – Koran 99,8; 104,1–9 u. ö.).

5.2.1 Die Qualen der Hölle

Koran und Tradition schildern ausführlich die Qualen, die die zur Hölle verurteilten Menschen erleiden und auf ewig aushalten müssen:

Das Feuer

An vielen Stellen im Koran wird die Hölle als ein loderndes Feuer beschrieben (vgl. Koran 101,11; 111,3; 67,5 u. ö.), dessen „Brennstoff" die Verdammten sind: „Sie werden (dereinst) Brennstoff des Höllenfeuers sein" (Koran 3,10; vgl. 85,5; 104,4–9; 72,15; 2,24).

Die Hitze des Feuers durchdringt alles, „läßt nicht(s) übrigbleiben und verschont nicht(s)" (Koran 74,28). Die Verdammten müssen in der Hölle „schmoren" (Koran 92,15; 82,15; 87; 12; 88,4; 4,10.56). Niemals wird ihnen Erleichterung zuteil: „Sooft das Feuer darin nachläßt, lassen wir ihnen die Brandhitze (wieder) stärker werden" (Koran 17,97).

Speise, Trank und Bekleidung der Verdammten

In drastischer Weise beschreiben Koran und Tradition die Speisen und Getränke, die die Verdammten zu sich nehmen, sowie ihre Kleider, die sie tragen müssen. Auch hier spielt das Feuer eine wesentliche Rolle. Die Früchte des Höllenbaums, Zaqqūm, dienen den Verdammten als Speise: „Es ist ein Baum, der ganz unten im Höllenbrand wächst, und dessen Fruchtscheide aussieht wie Köpfe von Satanen. Sie (d.h. die Insassen der Hölle) werden davon essen und sich den Bauch damit füllen" (Koran 37,64–66). Diese Früchte verbrennen das Innere des Menschen: „Der Zaqqūm-Baum ist (in der Hölle) die Speise des Sünders. (Er ist mit seinen Früchten) wie flüssiges Metall und kocht im Bauch (der Sünder, die davon gegessen haben), wie heißes Wasser kocht" (Koran 44,43–46). Die Tradition weiß darüberhinaus zu berichten, daß diese Speise das Gehirn der Menschen erhitzt, so daß Flammen aus ihrem Mund schlagen und ihre Körper zwischen den Füßen zerfallen. Die Höllenspeise ist weder nahrhaft noch Hunger stillend (Koran 88,7), vielmehr eine Speise, „die einem (vor Ekel) im Hals stecken bleibt, kurzum eine schmerzhafte Strafe" (Koran 73,13).

Für ihren Durst steht den Verdammten „(Wasser) von einer kochendheißen Quelle" (Koran 88,5 u.ö.) „und anderes dergleichen, (eine Vielfalt von) Arten (abscheulicher Getränke)" (Koran 38,58) zur Verfügung.

Wie die Speisen und Getränke, so sind auch die Gewänder der Verdammten siedend heiß. Der Stoff, aus dem die Bekleidung hergestellt ist, ist das Höllenfeuer: „Für diejenigen nun, die ungläubig sind, sind Kleider aus (Höllen)feuer zugeschnitten. (Sie müssen sie sich anlegen) während ihnen heißes Wasser über den Kopf gegossen wird, wodurch zum Schmelzen gebracht wird, was sie im Bauch haben, und (ebenso außen am Körper) die Haut" (Koran

22,19–20). Die Ḥadīth wissen von Gewändern aus flüssigem Kupfer und aus Teer zu berichten. Außerdem tragen die Verdammten eine Krone aus Feuer; und am Hals haben sie ein Brandmal, dessen brennender Schmerz niemals vergeht.

Neben der unerträglichen Hitze wird auch eisige Kälte als Peinigungsmittel genannt.

Fesseln, Ketten und Eisenstöcke

Über Feuer und Kälte hinaus sind auch Marterwerkzeuge wie Fesseln, Ketten und Eisenstöcke, derer sich die Strafengel bedienen, erwähnt. Die Verdammten werden in Fesseln und Ketten gelegt (Koran 40,71–72), und „Stöcke aus Eisen sind für sie da" (Koran 22,21). Ein Entrinnen gibt es nicht: „Sooft sie aus ihm (d. h. dem Höllenfeuer) herauskommen wollen, werden sie wieder hineingebracht" (Koran 32,20), „in das heiße Wasser gezerrt" und „das Höllenfeuer mit ihnen geschürt" (Koran 40,72).

5.2.2 Die Dauer der Höllenqualen

„Gott hat die Ungläubigen verflucht, und er hat (im Jenseits) einen Höllenbrand für sie bereit, damit sie ewig darin weilen, ohne (für sich irgend)einen Freund oder Helfer zu finden" (Koran 33,64–65). Wie hier, so betont der Koran wiederholt, daß die Qualen der Hölle kein Ende nehmen werden (vgl. Koran 43,74; 41,28; 58,17; 2,39.257; 3,116; 9,68; 11,106–107).

Doch nicht alle, die dem Höllenfeuer ausgeliefert sind, müssen ewig dort bleiben. Während die Ungläubigen den schrecklichen Qualen der Hölle für immer ausgesetzt sein werden, können die Sünder unter den Gläubigen nach einer bestimmten Frist, wenn sie ihre gerechte Strafe verbüßt haben, in das Paradies gelangen. Jeder, der in seinem irdischen Leben das islamische Glaubensbekenntnis gesprochen hat, wird einmal von der Tortur der Hölle befreit und erlöst werden.

5.3 Das Paradies

In zahlreichen Versen des Korans wird der Glaube in Verbindung mit guten Werken als Grund für den Lohn im Paradies genannt: „Denjenigen aber, die glauben und tun, was recht ist, werden die

Gärten der Wonne zuteil, in denen sie (ewig) weilen werden. (Das ist) das Versprechen Gottes und (als solches) die Wahrheit. Und er ist der Mächtige und Weise" (Koran 31,8–9; vgl. 84,25; 20,75–76; 40,58; 29,58 u.ö.).

Welche große Bedeutung einem guten Lebenswandel zukommt, erhellt unter anderem aus Koran 13,20–24: „Diejenigen, die eine Verpflichtung (die sie) gegen Gott (eingegangen sind) erfüllen und eine Abmachung (die sie getroffen haben) nicht brechen, und die zusammenhalten, was nach Gottes Gebot zusammengehalten werden soll, ihren Herrn fürchten und sich auf eine böse Abrechnung gefaßt machen, und die geduldig sind und dabei (immer nur) ihren Herrn vor Augen haben, und die das Gebet verrichten, von dem, was wir ihnen (an Gut) beschert haben, geheim oder offen Spenden geben und (wenn ihnen etwas) Schlimmes (begegnet es) mit (etwas) Gutem abwehren, die (die sich so verhalten) haben (dereinst) die letzte Behausung zu erwarten, die Gärten von Eden, in die sie eingehen werden, (sie) und diejenigen von ihren Vätern, ihren Gattinnen und ihrer Nachkommenschaft, die (in ihrem Erdenleben) fromm waren, während (gleichzeitig) die Engel durch alle Tore zu ihnen hereinkommen mit den Worten: ‚Heil sei über euch! (Dies ist euer Lohn) dafür, daß ihr geduldig waret.' Welch treffliche letzte Behausung!" Dennoch, so sagt es die Tradition, ist der Glaube das letzte Entscheidungskriterium für die Bestimmung zum Paradies. Denn ein Gläubiger, dessen Lebenswandel infam und böse war, wird zwar für eine bestimmte Zeit zur Hölle verdammt, um seine Sünden abzubüßen, letztendlich aber auf Grund seines Glaubens doch in das Paradies gelangen.

Diejenigen, „die glauben und tun, was recht ist," preist der Koran selig und verspricht ihnen „eine schöne Einkehr" ins Paradies (Koran 13,29): „Diejenigen, die sich (in ihrem Erdenleben) vor dem Herrn gefürchtet haben, werden in Scharen dem Paradies zugeführt. Schließlich gelangen sie dort an, seine Tore werden (für sie) geöffnet, und seine Wärter sagen zu ihnen: ‚Heil sei über euch! Ihr seid glücklich zu preisen. Tretet nun ein in das Paradies, um (ewig darin) zu weilen!'" (Koran 39,73).

5.3.1 Die Vorstellung von den Paradiesgärten

Das Paradies wird im Koran und in den Traditionen als ein Garten dargestellt, in dem die Auserwählten alles bekommen, wonach sie verlangen: „Sie werden (dereinst) bei ihrem Herrn (alles) haben, was sie wollen. Das ist der Lohn derer, die fromm sind" (Koran 39,34). Der Koran spricht sowohl vom „Garten der Ewigkeit" (Koran 25,16) als auch von den „Gärten des Paradieses" (Koran 18,107), den „Gärten der Wonne" (Koran 31,8; 22,56) und den „Gärten von Eden" (Koran 16,31; 18,31; 13,23). Über die Anzahl der Gärten gehen die Meinungen auseinander. Ebenso wie der Koran, der keine genauen Angaben macht – in der Sure 55 werden in den Versen 46 und 62 jeweils zwei Gärten beziehungsweise zwei Doppelgärten erwähnt –, gibt es auch in den Ḥadīth unterschiedliche Vorstellungen: Teils ist von sieben, teils von acht Gärten die Rede. In ihnen, so der Koran, finden die Seligen unsagbare Wonnen: Da gibt es Flüsse von Wasser, Milch, Wein und Honig (Koran 14,23; 47,15) und Früchte aller Art, kurz: alles, was dem leiblichen Wohl dient. Der Koran verheißt allerdings nicht nur sinnliche Genüsse, sondern weist auch auf geistige Freuden als paradiesischen Lohn hin.

5.3.2 Die Freuden des Paradieses

Das Paradies, so der Koran, bietet „was das Herz begehrt, und woran sich das Auge erfreut" (Koran 43,71):

Speise, Trank und Bekleidung der Seligen

Jederzeit dürfen die Seligen von den köstlichen Früchten der Paradiesgärten essen (vgl. Koran 13,35; 36,57; 37,42 etc.). Auch Fleisch (Koran 52,22), insbesondere „Fleisch von Geflügel, wonach (immer) sie Lust haben" (Koran 56,21), ist stets vorhanden.

In silbernen Gefäßen (Koran 76,15), Kannen (Koran 56,18), Humpen (Koran 76,15; 56,18; 88,14) und bis zum Rand gefüllten Bechern (Koran 78,34; 52,23; 76,5.17) wird den Auserwählten Wein als Trank gereicht.

Die Seligen werden kostbare Gewänder tragen und mit Armringen aus Gold (Koran 18,31), Silber (Koran 76,21) und Perlen (Koran 22,23; 35,33) geschmückt sein.

Auf dick gepolsterten (Koran 88,13), golddurchwirkten (Koran

56, 15) und mit Brokat gefütterten Sesseln und Betten (Koran 55, 54; 18, 31; 38, 51 u. ö.) können sie bequem ausruhen. Das Paradies ist für die Seligen „ein trefflicher Lohn und ein guter Ruheplatz" (Koran 18, 31).

Paradiesjungfrauen und Paradiesknaben

Zu den vielen Freuden, die das Paradies bietet, gehört auch der Umgang mit den Paradiesjungfrauen und Paradiesknaben.

Die Paradiesjungfrauen, die Ḥūrīs, werden als anmutig aussehende Wesen geschildert: „Sie sind (so strahlend schön), wie wenn sie (aus) Hyazinth und Korallen wären" (Koran 55, 58). Ihre Körper sind tadellos und unberührt (Koran 37, 49; 55, 56.74; 56, 36). Sie sind von Gott eigens für „die von der Rechten" (Koran 56, 38) geschaffen und werden ihnen als Gattinnen gegeben (Koran 52, 20 u. ö.).

Außer den Ḥūrīs erwähnt der Koran ewig junge Knaben, die im Paradies als Mundschenk umhergehen (Koran 56, 15–18). Auch sie sind so vollkommen an Gestalt und Schönheit, „als ob sie wohlverwahrte Perlen wären" (Koran 52, 24).

Das Wohlgefallen Gottes

Bedeutsamer als alle sinnlichen Genüsse, die den Seligen verheißen sind, ist das Wohlgefallen Gottes, das ihnen zuteil wird: „Gott hat den gläubigen Männern und Frauen Gärten versprochen, in deren Niederungen Bäche fließen, daß sie (ewig) darin weilen, und gute Wohnungen in den Gärten von Eden. Aber Wohlgefallen Gottes bedeutet (noch) mehr (als all dies). Das ist das große Glück" (Koran 9, 72). Im Gegensatz zur diesseitigen Welt ist das Paradies die „Behausung des Heils" (Koran 10, 25), wo die Seligen frei von Lüge und Sünde (Koran 56, 25–26) in Sicherheit und Frieden wohnen werden (Koran 34, 37; 44, 55).

Die Schau Gottes

Der Koran deutet darüber hinaus auch die Möglichkeit der Anschauung Gottes an: „An jenem Tag wird es strahlende Gesichter geben, die auf ihren Herrn schauen" (Koran 75, 22–23). Die theologischen Schulen sind hier geteilter Meinung. Die Muʿtaziliten bestreiten die Möglichkeit der Gottesschau mit Verweis auf Koran

6, 103, wo es heißt: „Die Blicke (der Menschen) erreichen ihn nicht, werden aber von ihm erreicht." Für die Ash'ariten hingegen ist die Anschauung Gottes die höchste Glückseligkeit, die „den gläubigen Männern und gläubigen Frauen" verheißen wurde (Koran 9, 72). Allerdings ist eine solche Schau Gottes nur bedingt möglich: Sie beschränkt sich auf jene Augenblicke, die Gott selbst festsetzt, und wird nur jenen Gläubigen geschenkt, die Gott dafür auserkoren hat [5].

6. Schlußbemerkung

In vielfältigen Bildern und dramatischen Szenen ist im Koran und in noch verstärktem Maße in der islamischen Tradition der Gedanke an ein Weltende, an eine Auferstehung der Toten und ein Endgericht anschaulich ausgemalt. Dieser Gedanke war den Arabern zur Zeit Muhammads fremd; seine mekkanischen Landsleute erklärten, wie der Koran bezeugt, den „Tag des Gerichts" als Lüge. Um so eindrucksvoller ist die Intensität, mit der Muhammad allen Widerständen zum Trotz diese an sich fremde Vorstellung aufgegriffen, internalisiert und zu einem entscheidenden Grundmotiv seiner Verkündigung gemacht hat. Daß die Form und die bildhafte Ausdeutung der eschatologischen Ereignisse dem damaligen Verstehenshorizont angepaßt und von der damaligen Imaginationskraft abhändig sind, bedarf keiner Erläuterung. Beide, Form und Ausdeutung der eschatologischen Erwartung, lassen nicht nur Reminiszenzen aus dem jüdisch-christlichen Umfeld erkennen, sondern auch Ähnlichkeiten mit iranischen Eschatologien.

ANMERKUNGEN

[1] Der Koran ist zitiert nach *R. Paret,* Der Koran. Übersetzung, Stuttgart – Berlin – Köln – Mainz 1966.

[2] *S.Maudoodī,* Weltanschauung und Leben im Islam (Herder-Bücherei 397), Freiburg – Basel – Wien 1971, S. 116–117.

[3] *Imam ʿAbd ar-Raḥīm ibn Aḥmad al-Qāḍī,* Islamic Book of Dead: A Collection of Hadiths on the Fire and the Garden. Norwich/England 1977, S. 67ff.

[4] Ebd. S. 93.

[5] *A. Th. Khoury,* Einführung in die Grundlagen des Islams (Islam und westliche Welt, Bd. 3), Graz – Wien – Köln [2]1981, S. 191.

LITERATURHINWEISE

Abdullah, M. S., Islam. Für das Gespräch mit Christen (Islam und Christentum, Bd. 3), Altenberge 1984.

Beltz, W., Die Mythen des Koran, Düsseldorf 1980.

Gardet, L., Islam, Köln 1978.

Horovitz, J., Das koranische Paradies, in: R. Paret (Hrsg.), Der Koran (Wege der Forschung, Bd. CCCXXVI). Darmstadt 1975, S. 53–73.

Horten, M., Die religiöse Gedankenwelt des Volkes im heutigen Islam, Halle 1917/18.

Jeffery, A., A Reader on Islam, 's-Gravenhage 1962.

Khoury, A. Th., Einführung in die Grundlagen des Islams (Islam und westliche Welt, Bd. 3), Graz – Wien – Köln [2]1981.

Klein, F. A., The Religion of Islam, London [2]1971.

Kremer, A. von, Geschichte der herrschenden Ideen des Islams, Darmstadt [2]1961.

Maudoodī, S., Weltanschauung und Leben im Islam (Herder-Bücherei 397), Freiburg – Basel – Wien 1971.

Nagel, T., Das Leben nach dem Tod in islamischer Sicht, in: H.-J. Klimkeit (Hrsg.), Tod und Jenseits im Glauben der Völker, Wiesbaden 1978, S. 130–144.

Paret, R., Der Koran. Übersetzung, Stuttgart 1966.

– , Der Koran. Kommentar und Konkordanz, Stuttgart 1971.

al-Qāḍī, Imam A., The Islamic Book of the Dead: A Collection of Hadiths on the Fire and the Garden, Norwich/England 1977.

El-Ṣaleḥ, Ṣ., La Vie Future selon le Coran (Études Musulmanes XIII), Paris 1971.

Smith, J. I./Haddad, Y. Y., The Islamic Understanding of Death and Resurrection, New York 1981.

Stieglecker, H., Die Glaubenslehren des Islam, Paderborn 1962.

Wensinck, A. J./Kramers, J. H., Handwörterbuch des Islam, Leiden 1941; repr. Leiden 1976.

PETER HÜNERMANN

Gott selbst – Zukunft des Menschen

Der christliche Glaube an das ewige Leben

1. Schuld und Tod, Welt und Geschichte
Die Fragen nach der letzten Bestimmung des Menschen

Die drängenden Fragen nach dem Woher und Wohin des Menschen, nach dem Sinn der Geschichte und der Zukunft der Welt, sind im Rahmen des Alltagslebens weitgehend verdeckt. Der oftmals hastvolle Lebensrhythmus, die Arbeit, die Flut der Bilder und Informationen läßt solche grundsätzlichen Fragen im heutigen Menschen kaum aufkommen. Um sich diesen Lebensfragen zuzuwenden, braucht es eine gewisse Distanz zum Umtrieb der Tage und zu den vordergründigen Selbstverständlichkeiten. Ergibt sich einmal diese Distanz durch einen glücklichen Umstand oder auch angesichts eines unvorhergesehenen Leids, eines Trauerfalls, dann stehen viele Menschen in einer gewissen Ratlosigkeit. Wer kann Antwort geben auf diese Fragen nach Woher und Wohin des Menschen, seiner Geschichte und seiner Welt? Die Wissenschaften, z.B. die Medizin, verstummen hier. Sie stoßen an eine Grenze. Die neuere biologische und medizinische Forschung ist zu dem Ergebnis gekommen, daß die Existenz nicht nur jedes Lebewesens, sondern auch jeder einzelnen Zelle zeitlich begrenzt ist. Während vor wenigen Jahrzehnten noch die These vertreten wurde, daß z.B. einzellige Lebenwesen an sich eine unbegrenzte Lebensdauer haben können, wenn sie nicht durch äußere Einflüsse sterben, ist jetzt überzeugend nachgewiesen, daß die Stoffwechselleistungen, die Anpassungsmöglichkeiten mit dem jeweiligen Altern so abnehmen, daß die Lebensfähigkeit des Organismus ein Ende findet.

Zu diesem Befund gesellt sich eine weitere Einsicht: Es ist der medizinischen Wissenschaft im Verlauf der letzten zwei Jahrzehnte gelungen, ungemein genau die körperlichen Zentren im

Gehirn zu bestimmen, die für die persönlichen, die geistigen Lebensvollzüge des Menschen notwendig sind. Die neuzeitliche Anthropologie kleidet die Folgerung aus diesen Beobachtungen in den Satz: Der Mensch ist Leib, und er hat Leib. Das heißt, der Mensch ist in radikaler Weise leibhaftig, und zugleich verhält er sich in seiner Leibhaftigkeit zu sich selbst, zur Welt und Geschichte, in die er durch seinen Leib geöffnet und verspannt ist.

Angesichts der begrenzten Aussagemöglichkeiten der Wissenschaft, angesichts ihrer Unmöglichkeit, sinnvolle Aussagen über das Woher und Wohin des Menschen, über Sinn und Bedeutung des Sterbens zu machen, erfüllt den neuzeitlichen Menschen oft eine tiefe Skepsis gegenüber den traditionellen christlichen Glaubensaussagen. Sind die Glaubenssätze über das Gericht und die Wiederkunft Jesu Christi, die Auferstehung des Fleisches, das ewige Leben nicht menschliche Projektionen? Seit dem mächtigen Aufbruch naturwissenschaftlichen Denkens und Forschens im 19. Jahrhundert begleitet ein solches Mißtrauen den Menschen. Bei vielen Ärzten und Naturwissenschaftlern des 19. Jahrhunderts galt es als ausgemacht, daß von einer Seele des Menschen nicht zu reden sei. Der Gedanke der Unsterblichkeit erschien von daher als obsolet. Wenn Feuerbach in seinem „Wesen des Christentums“ 1841 – zum ersten Mal in dieser Radikalität und Umfassendheit – alle Religionen und religiösen Vorstellungen auf menschliche Projektionen, auf die Vergegenständlichung menschlicher Grundzüge und Sehnsüchte zurückführt, so bietet er eine philosophische Deutung der hier aufgebrochenen Problematik an. Er stellt dem modernen, durch die wissenschaftliche Forschung geprägten Menschen eine Erklärung zur Verfügung, warum und wie es zur Entstehung der Religionen, insbesondere des Christentums gekommen ist, und wie hier im Grunde der Mensch nur sich selbst, wenngleich in einer entfremdeten Gestalt begegnet. Karl Marx hat die Thesen von Feuerbach aufgegriffen, ihnen allerdings ein geändertes Fundament gegeben, und zugleich eine neue Form von säkularer Eschatologie entworfen, eine Lehre von der Vollendung des Menschen, nicht im Himmel, sondern in der vollkommenen, aus der Revolution der bestehenden Verhältnisse hervorgehenden Gesellschaft.

Seit dieser Zeit gibt es eine Reihe von philosophischen Entwürfen und Weltanschauungen, die die Endbestimmung des Menschen, die Endbestimmung von Geschichte und Welt innerweltlich und innergeschichtlich ansetzen. Ist damit das christliche Glaubensbekenntnis abgetan und überholt?

Es ist auffällig, wie trotz der genannten säkularen, d. h. binnengeschichtlichen, binnenweltlichen Endbestimmungen des Menschen, der Welt und der Geschichte, das nachbohrende Fragen der Menschen nicht zur Ruhe gekommen ist. Dies zeigt sich ebenso in der Literatur, wie im philosophischen Fragen. Es tritt zutage in den religiösen Bewegungen der Neuzeit. Es manifestiert sich schließlich nicht zuletzt in der neuen Vitalität der Kirche und der christlichen Gemeinschaften. Der Grund für die Bleibendheit der Fragen liegt in der Grundstruktur des Menschen selbst. Der Mensch selbst ist fraglich, er kann diese Fraglichkeit nicht beantworten, nicht lösen, auch nicht durch säkulare Eschatologien. Wie zeigt sich dies?

Wo der Mensch sich ernsthaft auf sich selbst besinnt, da findet er sich als Endlichen. Er ist sterblich. Der Tod, das Ende kommt auf ihn zu. Es bestimmt ihn schon hier und jetzt. Es wäre Blindheit, davor die Augen schließen zu wollen. Dieses Ende aber umfängt alles, auch das hier und jetzt gelingende Tun und Denken. Damit aber wird alles, was der Mensch tut und denkt, damit wird er selbst in eine unbegreifliche, nicht auszulotende Dunkelheit und Fragwürdigkeit getaucht. Was bringt die Praxis und die Theorie, was bringt der Weg des Menschen letztendlich? Der hereinstehende Tod versieht alles bereits hier und jetzt, den Weg des Menschen, seine Arbeit, sein Glück und Leid mit einem nicht auszuradierenden Fragenzeichen: Was soll es? Vom Menschen her gibt es immer nur vorletzte und damit ungenügende Antworten. Der Tod als Ende erweist sich als alles in Frage stellende, alle geschlossenen Sinnzusammenhänge aufbrechende Offenheit. Insofern ist der vom Tod angegangene Mensch in sich selbst und in all seinem Tun und Lassen Frage. Der Mensch ist Frage nach dem Ganz- und Heil-Sein-Können. Dies ist keine Frage, welche dem Menschen gerade einfällt, ihm irgendwie äußerlich zukommt. Sie ist keine Frage, die er willkürlich stellt. Diese Frage ist er vielmehr selbst.

In die gleiche Richtung weist eine zweite Erfahrung des Menschen. Wer sich ernsthaft auf sich selbst besinnt, erfährt sich als Verantwortlichen. Im Gewissensanruf geht dem Menschen auf, wenn er jener Verantwortung, die zu ihm selbst gehört, nicht genügt: Wenn er etwa andere Menschen nicht anerkennt, sondern auf seine eigenen Vorstellungen reduziert, den eigenen Interessen radikal unterordnet. Im Gewissensanruf, der aus ihm selbst aufsteigt, verspürt der Mensch, wo er sein Selbstsein verrät, in ein nicht-authentisches, entfremdetes Dasein abgleitet und sich verstrickt. Gerade von seinem Tod, seiner Sterblichkeit her, sieht sich der Mensch an sich selbst verwiesen. Er erkennt, daß er selbst einstehen muß für das, was er tut. Er sieht sich in die Verantwortung gestellt. Zugleich aber muß er eingestehen, daß er sich oft und oft diesem, seinem eigensten Wesen versagt. Es gibt niemanden, der nicht weiß, daß er seiner Verantwortung oft nicht entsprochen hat und deshalb in mannigfacher Weise schuldig ist. Schuld bedeutet nicht, daß der Mensch irgendeinen „Fehler" begangen hat, sich vertan hat, nicht richtig „funktioniert" hat. Schuld ist nicht einfach Versehen. Schuld hat ihren Ort im Selbstsein des Menschen. Wer bekennt: ich *bin* schuldig, sagt zugleich: ich bin nicht so, wie ich sein soll. Schuld entspringt aus dem eigenen Ich. Der Mensch hat *sich* nicht so verhalten, wie er es sollte. Infolgedessen gibt es aus der Schuld auch keinen Ausweg nach „rückwärts". Schuld kann nicht einfach ungeschehen gemacht werden. Sie kann nicht durch eine nächstfolgende Tat abgelöst werden. Schuld prägt das Dasein des Menschen, und ihr Charakter ist gekennzeichnet durch Unbedingtheit. Schuld wird nicht mit der Zeit besser. Gerade indem der Mensch aus ureigenster Freiheit sich als den setzt, der er nicht sein soll, ist der Mensch sich selbst entfremdet. Zwar kann der Mensch seine eigene Schuld eingestehen. In diesem Moment gibt er der Wahrheit die Ehre. Er kehrt um. Er stellt sich zu seiner Wahrheit und bekennt damit, daß er ist, wie er nicht sein soll. Damit weiß er aber auch zugleich, daß er *sich* das Urteil gesprochen hat, sein eigenes Dasein in einen fundamentalen Sinn verwirkt hat. Er steht in der Reue gegen seine eigene faktische Existenz. Er steht gleichsam auf zwei Seiten: er weiß sich schuldig und er erkennt sich als solchen an: Damit steht er aber auch auf der Seite des Sollens, seines eigenen Wesensmaßes. Er steht auf der Seite der Wahrheit gegen sich selbst. Damit aber bricht im Menschen eine zweite tiefe Fraglichkeit auf: Darf er Hoffnung in diesem Gericht der Wahrheit haben? Gibt es eine Versöhnung? Was geschieht mit seiner Schuld? Was ist mit ihm als dem Schuldigen und zugleich Umkehrenden? Ähnlich wie die Fraglichkeit, die aus dem Tode aufbricht, läßt sich auch diese Frage nicht durch irgendeine innerweltliche, binnengeschichtliche Instanz beantworten. Wer wollte den Menschen aus dieser Verfassung lösen, die er sich selbst zugezogen hat?

Die so doppelt skizzierte Fraglichkeit bezieht die Welt und die Geschichte mit ein. Warum dies?

Welt und Mensch gehören so zusammen, daß ihre Verbundenheit vom Menschen nicht einfach auflösbar ist. Es ist eine Trivialität, daß der Mensch nicht leben kann ohne Licht und Luft, ohne die Wechselwirkung mit der tragenden Erde, der Sonne, dem Mond und den Sternen. Er braucht die Früchte der Erde für seine Existenz. Aber auch in den personalsten Vollzügen gehören der Mensch und die Welt zusammen. Wer denkt, denkt immer etwas. Dieses Andere, das Etwas, gehört in irgendeiner Weise zur Welt, Realität. Das Ich, das immer im Denken präsent ist, und das Etwas sind zwar unterschieden und doch zusammengehörig. Beide kommen nur zusammen vor. Ohne das begleitende Ich-denke, kann man nicht irgend etwas denken. Umgekehrt gilt: Das Ich kann sich selbst nicht entdecken, ohne den Weg über das Etwas zu nehmen. Die gleiche Wechselbeziehung spielt in allem Tun: Immer ist im Tun die Welt impliziert, selbst dort, wo man sich von aller Welt abwendet. Wille und Freiheit haben ihr Spielfeld im Umgang mit der Welt. Es gibt kein weltloses Sichverhalten. Ich, Freiheit, Tun ist immer weltlicher Art. Welt ist nicht gelichtet, ist nicht da, ohne den Raum eines Ich, in dem sie erscheinen, für das sie sein kann. Nur darin ist sie offen und aufgeschlossen, leuchtet sich im Licht des Seins. Thomas von Aquin drückt dieses Wechselverhältnis in den Sätzen aus: „Die menschliche Seele ... ist dazu geboren, mit allem Seienden übereinzukommen" (De Ver I, I). Umgekehrt sagt er: „Jede Sache ist dazu bestimmt, der Seele verbunden zu sein und in der Seele zu sein" (STh I, 78, 1).

Diese Welt, die so eng mit den Menschen zusammengehört, auf der einen Seite sein Lebensraum ist, auf der anderen Seite im Menschen aufgeht, ist durch und durch zeitlich, ausgespannt ins

Noch-nicht der Zukunft versinkt ihre Gegenwart ständig ins Gewesene. Gerade auf Grund dieser Zeitlichkeit aber ist die *Welt* wie der ihr zugehörige Mensch radikal von einer nicht zu beschwichtigenden Fraglichkeit geprägt. Weder die Frage nach dem Woher und Woraus dieser Bewegung der Zeit, noch die Frage nach dem Wohin lassen sich auf Grund der Welt beantworten. Diese radikale Fraglichkeit, die in allem waltet, umgreift auch alle naturwissenschaftlichen Gesetze, die Vorhersagbarkeit von Abläufen. Sie umgreift alle diese relativen Sicherheiten deswegen, weil sie ja insgesamt nur Weisen sind, wie sich zeitliches Geschehen manifestiert.

Was meint schließlich Geschichte, und wie gehört sie in diese Fraglichkeit hinein? Geschichte meint nicht nur die Summe aller Ereignisse, die es gibt. Zur Geschichte gehören nicht nur die Taten der Menschen. Geschichte läßt nichts aus. Es gibt nichts außerhalb ihrer. Wir hatten festgestellt, daß der Mensch nicht ohne die Welt, die Welt nicht ohne den Menschen ist. Beides gehört zusammen. Zur Welt gehören aber auch die anderen Menschen, gehören die verschiedenen Ausformungen menschlicher Gemeinschaft und Gesellschaft. Gilt diese umfassende Zusammengehörigkeit, so bilden Mensch und Welt ein umfassendes Gefüge. Unter welcher Rücksicht bezeichnen wir dieses Ganze als Geschichte? Wir verstehen unter Geschichte genau dieses Gefüge, insofern es von den Menschen her vollzogen wird. Geschichte ist die Weise des Weltvollzuges durch den Menschen in der menschlichen Gemeinschaft. Und Welt und Mensch, dieses Gefüge, sind nur offenbar und gegeben auf die Weise des Vollzugs. Solcher Vollzug aber geschieht jeweils als zeitlicher Vollzug. Der Mensch, der mit Welt unterwegs ist ins Noch-nicht der Zukunft, muß sich auf die Vorgegebenheiten, die Vergangenheiten zurückbeziehen, von dort seinen Ausgang nehmen, um so das Noch-nicht-Seiende zur Gegenwart zu bringen: sei es, daß er zuschaut und bewundert, was die Welt, was die Erde hervorbringt an Neuem, sei es, daß er selbst planend und gestaltend im Rückgriff auf Vorgegebenheiten noch nicht Seiendes realisiert. So ist in aller Gegenwart die Vergangenheit impliziert, und dies bedeutet auch, daß Verweigerung und Böses, die Verstrickung in einen verantwortungslosen Umgang mit den anderen Menschen, mit den Dingen zur jeweiligen

Herkunft des Menschen gehört und seinen Gang in die Zukunft mitbedingt. Geschichte ist so etwas durch und durch Ambivalentes, durchzogen von den mannigfachsten Entfremdungen und Verweigerungen in ein unabsehbares Wohin hinein. Und so bildet die Geschichte gleichsam das verstärkende Echo jener Fraglichkeit, die im Einzelnen selbst aufbricht, wenn er sich auf seine Freiheit und Verantwortung besinnt und auf seine faktischen Vergehen stößt.

Auf Grund dieser vielfältig sich ergänzenden und wechselseitig steigernden radikalen Fraglichkeit wird jede menschliche Auskunft über die letzte Bestimmung des Menschen, der Welt und der Geschichte nochmals in einen Strudel des Fragens gezogen.

2. Jahwe – die Hoffnung Israels

In einer eigentümlichen Weise unterscheidet sich der Glaube Israels von den Mythen und religiösen Anschauungen der Völker. Während sich in den Mythen, den großen religiösen Auslegungen menschlichen Daseins, menschlicher Welt- und Geschichtserfahrung durchaus jene Zweideutigkeit und Fraglichkeit reflektiert, die wir im voraufgehenden Abschnitt – allerdings in ihrer modernen Form – gekennzeichnet haben, weiß sich Israel von Jahwe, seinem Gott, her bestimmt. Von Jahwe her. Er ist Israels Ursprung, er ist Israels Hoffnung. In völlig freier, souveräner Weise richtet Gott sein Wort an Abram: „Und Jahwe sprach zu Abram: Gehe doch aus deiner Heimat und aus deiner Verwandtschaft und aus deinem Vaterhause in ein Land, das ich dir zeigen will, ich werde dich zu einem großen Volke machen und dich segnen und deinen Namen groß machen; sei ein Segen! Segnen will ich, die dich segnen, und wer dir flucht, den will ich verfluchen, und in dir sollen gesegnet werden alle Geschlechter der Erde“ (Gen 12, 1–3).

Jahwe erweist sich immer wieder und erneut als jener Gott, der Israel Dasein, Raum und Zukunft bereitet. Er rettet – so der Mose-Zyklus – seinen Knecht Mose, um ihn zum Instrument für die Rettung der unterdrückten Stämme zu machen (vgl. Ex 2, 1–10). Jahwe ruft Mose mitten aus dem Dornstrauch heraus an. Er hat die Unterdrückung seines Volkes in Ägypten gesehen. „Ihr Zetergeschrei angesichts seiner Treiber habe ich gehört. Ja, ich kenne seine Schmerzen. Ich bin herabgekommen, um es aus der Gewalt Ägyptens zu erretten und aus jenem Lande herauszuführen in ein gutes und weites Land" (Ex 3,7f). Der Gottesname, den Mose empfängt, definiert Gott genau in dieser Zuwendung: „Mose sprach zu Gott ... sie werden zu mir sprechen: was ist um seinen Namen? – Was spreche ich dann zu ihnen? Gott sprach zu Mose: Ich werde da sein als der ich da sein werde. Und er sprach, du sollst zu den Söhnen Israels sprechen: Ich bin da schickt mich zu euch. So sollst du zu den Söhnen Israels sprechen: Jahwe, der Gott eurer Väter, der Gott Abrahams, der Gott Isaaks, der Gott Jakobs, schickt mich zu euch. Das ist mein Name in Weltzeit, das mein Gedenken Geschlecht für Geschlecht" (Ex 3,13–15).

Dies ist die Grunderfahrung Israels. Jahwe ist die Hoffnung Israels, denn er wird da sein als der, der da sein wird. Er ist der bleibende, Zukunft gewährende Ursprung, der Fels Israels, Halt und Zuversicht auf dem Weg.

Wie aber ist die Jahwe Zukunft dieses Volkes? Welche Gestalt trägt die Zuwendung Jahwes zu Israel? Im Verlauf des alttestamentlichen Heilsweges zeichnen sich hier deutlich unterscheidbare Etappen ab. Bis hin zu den Schriftpropheten, d.h., in der Patriarchengeschichte und den frühen Schichten des alttestamentlichen Kanons bis in die Königszeit hinein lautet die Charakteristik: Jahwe gewährt Israel Dasein durch Land und Leibesfrucht. Er schafft Israel Freiheit von seinen Feinden. Die Gestalt der Verheißung trägt die Züge unmittelbarer Lebensfülle. Es wurde oben bereits das Berufungswort Gottes an Abram zitiert. Die Verheißung umfaßt die drei genannten Momente: „Ziehe fort aus deinem Land in das Land, das ich dir zeigen werde." Die Verheißung der Nachkommenschaft liegt in dem Versprechen, Abram zu einem großen Volke zu machen. Schließlich verspricht Gott seinen Segen all denen, die Abram segnen. Er stellt sich mit seiner ganzen Macht gegen jene, welche Abram verwünschen: „Die dich verwünschen, werde ich verfluchen." Diese Zukunft aber, welche Jahwe Abram und seinen Nachkommen bereiten will, soll ein Segen werden, der auf die Geschlechter der Erde übergreift. Die verheißenden Worte, die Mose am Dornbusch hört, kreisen um dieselben Segensgaben: Um die Befreiung aus der Gewalt der

Ägypter, um das herrliche Land, das dem Volke Lebensraum bietet, in welchem es sich entfalten kann. Die Antwort schließlich des Propheten Nathan an den pläneschmiedenden David, der Jahwe einen Tempel bauen will, die Davidsverheißung, die der Prophet ausrichtet, kreist um die unverbrüchliche Zusage dieser selben Gaben.

Von einem Leben nach dem Tode ist in dieser Schicht des Alten Testamentes noch nicht die Rede. Im Blick steht auch nicht der Einzelne. Vor Augen steht vielmehr jeweils das Volk. Die großen Einzelnen, welche genannt werden, Abraham, Mose, David, werden als Stammvater des Volkes, als sein Prophet und Führer, als der König des Volkes verstanden. Indem Gott so Israels Zukunft bereitet, fordert er dieses Volk jeweils in die Spitze seiner Existenz heraus, in seinen freien Gehorsam. Es ist kein Gott, der primär als der erklärende Grund von allem verstanden wird, der als Prinzip des zureichenden Grundes in allen Ereignissen waltet. Er ist jener, der den Menschen spitz von vorne her trifft und ihn in der je erschlossenen Zukunft auch Zurückliegendes als Einbehaltenes auf diesem Weg erkennen läßt.

Zwar ist auch in den Mythen der Völker von den wesentlichen Gaben die Rede, welche das Leben der Völker ermöglichen. Die Differenz liegt darin, wie Israel aus dem freien Geschehen göttlicher Zuwendung und seiner Antwort diese Gaben erwachsen.

Mit dem Auftreten der Schriftpropheten ändert sich diese Gestalt der Zukunft, die Jahwe seinem Volk bereitet. Weil Israel sich in seinem Herzen nicht zu Jahwe hingekehrt hat, überzieht Jahwe Israel mit dem Gericht. Die Gestalt der angesagten Zukunft ist das Gericht.

Man kann sich Wucht und Radikalität der prophetischen Gerichtsbotschaft kaum groß genug vorstellen. Amos stellt an die Stelle der bisherigen Verheißungsworte seinen Satz: „Das Ende ist gekommen über mein Volk Israel" (Am 8, 2). In seinen großen Anklagereden hält er Israel seine Vergehen vor: „Für Geld verkaufen sie den Unschuldigen, den Armen für ein Paar Schuhe. Sie zertreten das Haupt der Geringen und die Gebeugten führen sie ab vom Wege." Auf Grund dieses Versagens Israels wird Jahwe zum Gerichtsherrn, der Israel in seiner bestehenden Gestalt verwirft, ja erschlägt: „Geschworen hat Jahwe, der Herr, bei sich selbst, Jahwe, der Gott Zebaot, hat es gesagt: Ich verabscheue Jakobs Übermut, und seine Paläste hasse ich, und die Stadt und alles, was darin wohnt, gebe ich preis. Wenn dann zehn Männer in einem Hause übrig sind, dann müssen sie sterben. Nur wenig Entronnene wird es geben, um die Gebeine aus dem Hause zu schaffen. Sagt man zu dem, der im hintersten Winkel liegt: Ist noch jemand bei dir?, so antwortet er: Nein, sei still! Nur ja nicht den Namen Jahwes nennen. Seht, Jahwe hat es befohlen, man schlägt das große Haus in Trümmer und das kleine in Splitter" (Am 6,8–11).

In den Auseinandersetzungen zwischen den Propheten und dem Volk wird deutlich genannt, worauf sich Israel in seiner Abkehr von Jahwe stützt: König und Volk meinen, in den unmittelbaren Gestalten der Lebensfülle Gottes sicher zu sein. Zu diesen unmittelbaren Gestalten gehören jene Gaben, die Israel zuteil geworden sind: Land, Stadt und Tempel. Sie sind für Israel das sichtbare Unterpfand und die unerschütterliche Versicherung, daß Jahwe mit ihnen ist, ohne daß Jahwe zugleich auch von ganzem Herzen gesucht wird. Aber Jahwe ist zu suchen. Er ist größer als die Gaben der Zukunft, die er dem Volk schenkt. Jesaja wie Jeremia verurteilen das Vertrauen des Volkes in den Kult und das Darbringen der Opfer (vgl. Jes 1,10–17), das vermessene Vertrauen auf Gottes Gegenwart im Tempel (vgl. Jer 7,3–8). Sie verkünden: Auf Grund der inneren Ferne des Volkes zu Jahwe wird Gott zum Gericht über das Volk. Damit bezeugen sie den Glauben an den lebendigen Gott. Gott, der die Zukunft des Volkes ist, hat sich wahrhaft in eine Freiheitsgeschichte mit diesem Volk eingelassen. So wird die Gestalt der Zukunft, die zunächst in den Verheißungen ausgesprochen war, hier radikal negiert und aufgehoben. Die Gestalt der Zukunft ist das Gericht über das Volk.

Aber auch im Gericht selbst erweist sich Gott nochmals größer. Er ist nicht schlechthin identisch mit der Katastrophe, die er über das Volk hereinbrechen läßt. Dies manifestiert sich darin, daß mitten im Gericht etwas gänzlich Neues zutage tritt. Israel wird zerschlagen. Es wird der Gestalten seiner politischen und öffentlichen Selbständigkeit beraubt. Das Königtum wird vernichtet, die Institutionen dieses Reiches werden zerstört. Der Tempel wird verbrannt. Aber von Jahwe wird ein „Rest" aufgespart. Das Wort „Rest" weist zum einen auf den Untergang hin. Bleibt von einem

Volk nur ein Rest übrig, so meint dies eine völlige Zerschlagung (vgl. etwa Jes 11,11 ff). Nur kleine Bruchstücke bleiben. Mit diesem Gedanken des Restes aber verbindet sich bei den Propheten die Hoffnung einer neuen Zukunft von Gott her. Am 5,15 heißt es: „Hasset das Böse und liebet das Gute und richtet das Recht auf im Tor – vielleicht wird Jahwe ... dann dem Rest Josephs gnädig sein." Ähnlich verbindet Zef 3,12 seine Gerichtsbotschaft mit dem Gedanken des Restes Israels und seiner Zukunft in Gott: „Ich lasse übrig in deiner Mitte ein Volk demütig und arm, es wird Zuflucht suchen beim Namen Jahwes – der Rest Israels." Wie aber soll die Zukunft dieses Restes aussehen? Es geht nicht um ein bloßes Überleben. Es geht auch nicht um die Wiederherstellung des früheren Zustandes: Die Wiederaufrichtung eines Königreiches, wie zur Zeit Davids und Salomons. Das Reich, auf das der Rest Israels jetzt zugeführt wird, ist von anderer Art. Anschaulich wird dies in der Verheißung Jes 8,23 – 9,6. Dem Land, das in Bedrükkung ist, dem Volk, das in Finsternis wandelt, wird Licht verheißen. Der unterdrückte Rest wird von Gott selbst in eine rettende Zukunft geführt. Es wird eine Herrschaft der Gerechtigkeit und des Friedens sein: „Denn jeder Stiefel, der auftritt mit Dröhnen, und jeder Mantel, gewälzt in Blut, wird werden zum Brand, eine Speise des Feuers: denn ein Kind ist uns geboren, ein Sohn ist uns gegeben. Und es ist die Herrschaft auf seine Schulter gelegt. Und er nannte seinen Namen: der Wunderbares plant, mächtiger Gott, ewiger Vater, Friedensfürst. Mächtig ist die Herrschaft, und des Friedens ist kein Ende auf Davids Thron und in seinem Königreich, indem er es aufrichtet und stützt durch Recht und Gerechtigkeit von nun an bis in Ewigkeit. Der Eifer Jahwes, Zebaots, wird dies tun." Hier wird die Zukunft nicht einfach als ein mächtiges Reich beschrieben, das stark genug ist, sich gegen seine Feinde durchzusetzen. Es geht vielmehr um ein Friedensreich und einen Frieden, der kein Ende hat. Diese Züge verstärken sich in den Heilsverheißungen der exilischen und nachexilischen Propheten. Weil Israel erfüllt ist von der Gegenwart Jahwes, weil es sein Gesetz, seinen Willen im Inneren trägt, deswegen wird es gleichsam zum weithin sichtbaren Berg unter den Völkern. Die Heidenvölker strömen ihm zu, um vom Gott Jakobs über seine Wege belehrt zu werden. Der Herrscher aber in diesem Reich der Gerechtigkeit, das Gott heraufführen wird, wird immer weniger als Machthaber gekennzeichnet. Er wirkt durch die Verkündigung von Recht und Gerechtigkeit, ja, er wird schließlich als arm und hilfsbedürftig gekennzeichnet. Je weiter der Herrschaftsbereich dieses Zukunftskönigs ausgedehnt wird, um so geringer wird seine Herrschaftsgewalt. Bei Sach 9,9 heißt es vom Messias schließlich: „Juble laut Tochter Zion ... siehe, dein König kommt zu dir, gerecht und heilvoll ist er, arm, auf einem Esel reitend, auf einem Hengst, einem Eselinnenjungen. Er schafft ab die Wagen aus Ephraim, die Rosse aus Jerusalem. Die Kriegsbogen werden abgeschafft, und er verkündet Frieden den Völkern. Und er herrscht von Meer zu Meer, vom Strom bis an die Enden der Erde."

Die Gestalt der Zukunft, die Gott für Israel heraufführt und die zugleich den Daseinsraum für die Völker bilden wird, sind nicht mehr die Momente unmittelbarer Lebensfülle wie in der voraufgehenden Epoche. Diese Form der Zukunft ist durch das Gericht endgültig zerschlagen. Die Zukunft, die Gott bereitet, trägt jetzt die Züge eines umfassenden Reiches der Freiheit, der Sittlichkeit, des Rechtes. Es ist eine Sittlichkeit und ein Recht, die sich durch Gottes Wirken gleichsam von selbst durchsetzen werden. Recht und Gerechtigkeit tauchen hier nicht primär als Sollensanspruch an Israel auf. Nicht dies macht die Zukunft Israels aus, vielmehr die Verheißung, daß Gott real das Reich des Friedens, der Gerechtigkeit heraufführen wird. In diese Künftigkeit sieht sich Israel verwiesen durch seine Propheten. Es ist eine „contrafaktische" Zukunftshoffnung. Denn Israel hat in tiefgründiger Weise das eigene Versagen erfahren. So bricht es jetzt auf in eine Zukunft, die es sich von seinem Gott erhofft. Die Lebensformen Israels werden nach der Zerstörung Jerusalems neu geprägt durch Bräuche, in denen das Gesetz, Ausdruck des Willens Gottes, in einer ganz anderen Intensität verinnerlicht wird. Es geht in den Kreisen der Frommen und der Gesetzestreuen jener Zeit darum, einen privaten und öffentlichen Lebensstil auszubilden, der von dieser neuen Zukunftshoffnung, auf die Israel hinlebt, geprägt ist. Dies ist ein einmaliger Vorgang in der Geschichte. Israel entdeckt nicht einfach die individuelle und öffentliche Sittlichkeit und Verantwortlichkeit. Israel befindet sich nicht einfach in einer enormen ethischen Anstrengung. Vielmehr ergibt sich diese Form, in die Israel hineinwächst, aus der Zukunftshoffnung, die die exilischen und nachexilischen Propheten im Namen Gottes verkünden. In dieser Zukunft besitzt Israel jetzt seine geschichtliche Identität. In diesem Rahmen bildet Israel ganz selbstverständlich den Gedanken der persönlichen Verantwortung, der Verantwortung der Gruppen und Familien aus, aber auch die korrespondierende Idee des persönlichen Gerichtes. Dies ist ein Neues in Israel, das bis dahin lediglich das Volk als Größe vor Gott kannte. Die Frage nach dem Tod und dem ewigen Leben des Einzelnen, nach der Verwandlung der Welt, aber stellt sich hier noch nicht.

Indem der Rest Israels daran arbeitet zur Gemeinde zu werden, die unter Verzicht auf politische Souveränität real geprägt ist durch das Gesetz und die Verehrung Gottes, gerät diese Gemeinde in eine dramatische Konfrontation mit den damaligen Weltmächten. Der Rest Israels, der die Form des anbrechenden Reiches der Freiheit, der Gerechtigkeit, der Sittlichkeit darstellt, erweist sich als ohnmächtig gegenüber dem geballten Machtwillen der Völker, die zu jener Zeit zu Weltreichen von großer Machtkonzentration werden. Gerade weil Israel selbst auf das machtlose Reich des Friedens und der Gerechtigkeit hin gesammelt und ausgerichtet ist, erfährt es in einer neuen Form die Bosheit in der Geschichte. In den Kapiteln 38 und 39 des Buches Ezechiel wird dieser Antagonismus in einer symbolischen Geschichte erzählt. Gog, eine symbolische Herrschergestalt, der die Macht dieser Welt repräsentiert, zieht aus Bosheit gegen die Gemeinde des Herrn aus, die friedlich und machtlos wohnt. „Geschehen wird es an jenem Tage, daß Gedanken aufsteigen in deinem Herzen und du einen bösen Plan erwägst und bei dir sagst: Ich will gegen ein offenes Land hinaufziehen, will kommen über sorglose Menschen, die in Sicherheit wohnen; sie alle wohnen ohne Mauern und haben weder Riegel noch Tore, daß ich Raub davontragen und Beute machen kann und meine Hand gegen die wiederbewohnten Trümmer kehren kann und gegen ein Volk, das aus den Völkern gesammelt ist ..." Was ist die Antwort Gottes? Gott selbst greift in diesen Entscheidungskampf ein, in welchem es um das verheißene Friedensreich und die dagegenstehende Bosheit der Weltreiche geht. „Die Berge werden zusammenbrechen und die Felssteige stürzen, und alle Mauern werden zu Boden fallen ... Ich werde Gericht mit ihm halten durch Pest und Blut, durch Regenfluten und Hagelsteine, Feuer und Schwefel werde ich für ihn und seine Scharen und die zahlreichen Völker regnen lassen" (vgl. Ez 38, 19–22). Gottes Zukunft wird zum radikalen Gericht über alle menschliche Bosheit und die Bosheit der Geschichte im Ganzen. Sein Friedensreich wird er durchsetzen, aber nicht mehr in der Form eines Friedensreiches inmitten dieser Geschichte. Es bedarf eines neuen Äons, einer neuen Geschichte. Die apokalyptischen Verheißungen im Daniel-Buch (vgl. Kap. 2 u. 7) und in der Jesaja-Apokalypse (vgl. Kap. 24–27) sprechen von der Reinigung dieser Geschichte durch ein universales Gericht und die Stiftung einer neuen Zeit. Zu dieser neuen Gestalt der Zukunft aber, die Gott für alle, die dem Gericht entrinnen, heraufführen wird, gehören nun auch die Toten. Sie werden zu diesem Heil Gottes auferstehen. Jes 26, 19 wird diese Auferstehung der Toten angesagt und gefeiert: „Leben sollen deine Toten, meine Leichen auferstehen! Erwacht und jubelt ihr Bewohner des Staubes! Denn Tau der Lichter ist dein Tau, so daß die Erde die Schatten gebiert." (Vgl. auch die Auferstehungshoffnung Dan 12, 1 f.)

Wie ist die Glaubenshoffnung Israels, die sich in den apokalyptischen Schriften bezeugt, theologisch-begrifflich zu fassen? Erst wo der Rest Israels auf Jahwe und das verheißene messianische Reich hinlebt, geht ihm in der Auseinandersetzung mit der faktischen Geschichte der Weltreiche die ganze Abgründigkeit der Bosheit des Menschen auf. Die Zukunftsvisionen des Friedensreiches in der Geschichte zerbricht. Auch in dieser aporetischen Situation bleibt Jahwe die Zukunft Israels. Dabei aber vertieft sich der universale Charakter der Zukunft nochmals in allen Dimensionen: die Geschichte der Völker bedarf der radikalen Reinigung vom Bösen durch das Gericht. Damit ist aber zugleich auch der Kosmos in dieses Gericht miteinbezogen, weil er zum Menschen gehört, in die menschliche Geschichte verflochten ist. Die heile Zukunft aber, die Gott heraufführen wird, wird in ebenso umfassender und universaler Weise charakterisiert: sie bildet einen neuen Äon, im Grunde einen neuen Lebensraum bzw. eine neue Geschichte, in welchem jetzt der Mensch sich wahrhaft seiner endgültigen Bestimmung entsprechend entfalten kann. Von diesem Reich des kommenden Menschensohnes aus, ist alles Übrige gerichtet, bemessen und beurteilt. Zu dieser Zukunft gehören dann selbstverständlich auch die Toten, die bereits verstorben sind.

Überblickt man den ganzen hier skizzierten Weg Israels, so ist zu sagen: Israel lebt von Anfang an von seinem Gott her und von der Zukunft, die sein Gott mitbringt. Es erlebt die in den verschiedenen Etappen auftauchenden Umbrüche und Endlichkeitserfahrungen nicht in der Resignation, sondern in einem real vollzogenen Überstieg über diese Endlichkeit hin auf die je größere Zukunft, die ihm sein Gott zusagt. In diesem Sinn ist Israel das Volk, das in seinem geschichtlichen Dasein von der jeweilig größeren Zukunft Jahwes Zeugnis ablegt: ein Zeugnis nicht nur verbaler Art, sondern in der Form der grundlegenden Lebenspraxis und der Weise umfassenden Selbstverständnisses.

In der Botschaft Johannes' des Täufers wird der Glaube Israels an Jahwe als dem Bringer der Zukunft an eine letzte Schwelle geführt. Johannes verkündet mit seiner Gerichtsbotschaft, daß Israel als diese Restgemeinde, die sich um das Gesetz geschart hat, die Armen Jahwes, die auf das Gericht Jahwes über die Bosheit der Geschichte und der Völker harren, selbst mitten hinein gehört in dieses umfassende Gericht. Lk 3,7 findet sich das scharfe Wort: „Schlangenbrut, wer hat euch vorgegaukelt, daß ihr dem drohenden Zorn entfliehen könnt? Bringt also Früchte wirklicher Sinnesänderung und sprecht nicht bei euch selbst, wir haben Abraham zum Vater. Wahrlich, ich sage euch, Gott hat die Macht, Abraham aus diesen Steinen Kinder zu erwecken." Mit der Anrede „Schlangenbrut" wird diese Restgemeinde selbst als heidnischer Pöbel bezeichnet. Die einzige Weise, sich an Gott als die Zukunft zu klammern, ist die Umkehr und die Taufe, durch die sich die Menschen vorbehaltlos dem richtenden Gott überlassen. Die Zukunft Gottes hat hier im Grunde keine Gestalt mehr. Sie ist nicht etwas von Gott Unterschiedenes. Die Zukunft ist er selbst mit seiner richtenden Vollmacht, die hier und jetzt andrängt. Was die Apokalyptik in geschichtliche Dimensionen und Zeiten auseinanderlegt und differenziert, das ist im Gotteszeugnis des Johannes dem Rest Israels unmittelbar auf den Leib gerückt.

3. Jesus Christus der Gekreuzigte und Erhöhte: Anbruch Gottes selbst als Zukunft des Menschen

Der Sinn der folgenden Ausführungen läßt sich in zwei Sätze knapp zusammenfassen: Gott selbst ist die Zukunft des Menschen, nicht irgendeine Gestalt von Zukunft, die er heraufführt. Dies wird offenbar in Jesu Wort und Tat, es wird der Menschheitsgeschichte unaufhebbar eingestiftet in Jesu Kreuz und Erhöhung.

Eine aufmerksame Lektüre der ältesten Schichten der Evangelien zeigt, daß Jesus die Sicht des Täufers teilt. Jesus weiß sich gesandt zu den „verlorenen Schafen" des Hauses Israel. Oft spricht Jesus ganz unmittelbar von diesem Zustand der Verlorenheit, der Bosheit, die den Menschen kennzeichnet: „Wenn nun schon ihr, die ihr böse seid, euren Kindern gute Gaben zu geben wißt, um wieviel mehr wird euer Vater im Himmel denen Gutes geben, die ihn bitten!" (Mt 7,11).Diese Stelle kommentiert Merklein: „Der hier besonders interessierende Ausdruck ‚ihr, die ihr böse seid' hat im Rahmen des Schlußverfahrens, das die Erhörungsgewißheit von seiten des guten Gottes herausstellt, untergeordnete Funktion. Gerade deswegen ist die Aussage um so unverfänglicher und grundsätzlicher: Die Bosheit des Menschen wird einfach vorausgesetzt" (a.a.O. S. 125). Diesen verlorenen Menschen aber verkündet Jesus das Evangelium, die Freudenbotschaft: Gott vergibt voraussetzungslos, bedingungslos. Er wartet nicht ab, bis er vom Sünder Zeichen einer vorgängigen Bekehrung empfängt. Gott hat vergeben. Und deswegen erwartet er auch – als Folge! – die Umkehr und Hinkehr zu ihm. Die Gleichnisse vom verlorenen Schaf, von der verlorenen Drachme und vom verlorenen Sohn sprechen diesen Sachverhalt deutlich aus (vgl. Lk 15).

Die Anstößigkeit der Botschaft Jesu liegt genau darin: Er verkündet, daß Gott gehandelt hat, und zwar so radikal, so extrem, wie es bislang niemand in den Sinn gekommen ist. Von diesem Gottesgeschehen her ergeben sich die einzelnen Züge für das Reich Gottes, welches Jesus verkündet. Gott hat seine eigene radikale Vergebungsbereitschaft den Menschen als deren Zukunft aufgetan. Diese andrängende Präsenz stößt gleichsam auf die Menschen zu in den Heilungen von Besessenen und Kranken durch Jesus (vgl. Lk 11,20). Dieses Gottesgeschehen bricht real hier und jetzt auf wie das Senfkorn, das als winziges Samenkorn zu keimen beginnt, wie der Sauerteig, der langsam und schrittweise das Mehl zu durchsäuern beginnt (vgl. Lk 13, 18–21). Dieses Reich Gottes kann und muß sofort gesucht und erstrebt werden (vgl. Lk 12, 31). Der Schatz, die Perle sind hier und jetzt zu heben.

Wo und wie begegnet diese Zukunft, die der gütige Gott selbst ist, den Menschen? In Wort und Werk Jesu, in Jesus Christus selbst.

„Wenn ich aber im Finger Gottes die Dämonen austreibe, dann ist wirklich das Reich Gottes zu euch vorgedrungen" (Lk 11,21). Jesus ist der Stärkere, der den Satan überwindet, ihm seine Rüstung nimmt, entmachtet und damit den göttlichen Lebensraum für den Menschen eröffnet (vgl. Lk 11,22f).

Jenseits dieser Zukunft aber, die in Gott selbst liegt, ja, die er selbst ist, gibt es keine andere Zukunft für den Menschen. Und so spricht Jesus in eindringlichen beschwörenden Worten vom Ernst der Entscheidung und vom Gericht, das sich jene zuziehen, die diese Zukunft abweisen. Sodom und Gomorra wird es am Tage des Gerichtes besser ergehen, als der Stadt, die die Botschaft Jesu verwirft (vgl. Mt 10,15). Wer nicht mit ihm sammelt, der zerstreut (vgl. Lk 11,32). „Zerstreuen" und „sammeln" aber bezeichnet das richtende Handeln Gottes an den Menschen.

Kommt aber so in Jesu Wort und Tat das Reich Gottes, leuchtet in ihm die eine Zukunft des Menschen, der gütige Gott selbst, auf, dann ergibt sich zugleich, daß nun, in der Begegnung mit ihm, das Endgericht einsetzt. Eine Reihe von Worten Jesu sprechen von dieser unlöslichen Verknüpfung. In dieses Gerichtsgeschehen wird auch die Predigt der ausgesandten Jünger einbezogen: „Wer euch hört, hört mich, und wer euch ablehnt, lehnt mich ab. Wer aber mich ablehnt, lehnt den ab, der mich gesandt hat" (Lk 10, 16). Was bleibt aber dann, wenn die maßgeblichen Repräsentanten Israels und der Heiden die Botschaft Jesu und ihn selbst ablehnen? Jesus hat diese Ablehnung in aller Deutlichkeit gesehen. Der Weheruf über Jerusalem (Mt 24, 37) bezeugt dies: „Jerusalem, Jerusalem, du mordest die Propheten und steinigst, die zu dir gesandt sind. Wie oft wollte ich deine Kinder sammeln, wie eine Henne ihre Küchlein unter ihre Flügel sammelt! Aber ihr habt nicht gewollt." Die Antwort, die Jesus auf die Ablehnung gibt, findet sich in einer Reihe von Worten, in denen Jesus von seinem bevorstehenden Leiden spricht. Vor allem aber wird diese Antwort gegeben in dem Abendmahl, das er mit seinen Jüngern in der Stunde der Passion hält.

Wie spricht Jesus vom bevorstehenden Leiden, das aus der Ablehnung erwächst? Mk 10,38 entgegnet Jesus auf die Bitte der Söhne des Zebedäus um eine Vorrangstellung im Reiche Gottes: „Ihr wißt nicht, um was ihr bittet! Könnt ihr den Kelch trinken, den ich trinke, oder euch der Taufe unterziehen, mit der ich getauft werde?" Der Becher bezeichnet im Alten Testament sehr oft das Geschick, vor allem das Todesgeschick, das man auf sich zu nehmen hat, weil es aus Gottes Hand stammt (vgl. Ps 75,9; Jer 25,15ff; Jer 51,7). Der Sinn der Worte ist also: Könnt ihr das Todesgeschick auf euch nehmen, das Gott mir bestimmt hat? In die gleiche Richtung weist das Wort von der Taufe. Die Wasserflut, in der man versinkt, ist ein Bild für die äußerste Bedrohung. Ps 69,15f heißt es etwa: „Ziehe mich heraus aus dem Verderben, aus dem tiefen Wasser! Laß nicht zu, daß die Flut mich überschwemmt, die Tiefe mich verschlingt, der Brunnenschacht über mir seinen Rachen schließt." Das Wort vom Becher und von der Taufe bedeutet folglich: Könnt ihr in dieselbe Todesflut versinken, in die Gott mich versinken läßt?

Ein anderes, auf das Leiden vordeutendes Wort findet sich Lk 12,49: „Ich bin gekommen, um Feuer auf die Erde zu werfen. Wie froh wäre ich, würde es schon brennen. Ich muß mit einer Taufe getauft werden, und ich bin sehr betrübt, solange sie noch nicht vollzogen ist." Das Feuer verweist auf das Gerichtsfeuer, das mit dem Kommen des Reiches Gottes verbunden ist. Jesus selbst wird in dieses Gerichtsgeschehen miteinbezogen. Wie aber geschieht diese Einbeziehung?

Die Abendmahlsworte und Gesten Jesu lassen erkennen, wie Jesus – getrieben von der Liebe des vergebenden Gottes – bis ins Äußerste getragen wird von dieser Zukunft Gottes, die seine eigene ist. Er setzt auf das Reich Gottes (vgl. Mk 14,25). Dies veranlaßt ihn, die Verweigerung und Sünde der Menschen auf sich zu nehmen. Er übernimmt stellvertretend die radikale Zukunftslosigkeit Israels und der Völker, die sich aus der Ablehnung der Botschaft vom Reiche Gottes ergibt, um ihnen zu bezeugen, daß der

Lebensraum Gottes eingeräumt bleibt. Sein Tod wird von ihm verkündet als diese definitive, bleibende Eröffnung der grenzenlosen Vergebungsbereitschaft Gottes, seines Reiches.

Wie zeigt sich dies in den Abendmahlsworten und Gesten? Wie ist dies zu verstehen?

Sowohl bei Markus wie bei Lukas finden sich im Rahmen der Abendmahlsberichte Texte, in denen sich die siegreiche Hoffnung Jesu bezeugt, durch sein Leiden einzugehen in den „Tag" Gottes, in sein Reich: „Amen, ich sage euch, ich werde nicht mehr von der Frucht des Weinstocks trinken bis zu dem Tag, an dem ich von neuem trinke im Reiche Gottes" (Mk 14,25; vgl. Lk 22,15–18). So wird das anstehende Leiden als die Schwelle gekennzeichnet, mit der der Tag des Reiches Gottes erreicht ist. Wie aber kann hier das Reich Gottes im Tode Jesu endgültig erschlossen werden? Das Reich Gottes wendet sich doch wesentlich an alle. Es kann nur in Freiheit ergriffen werden. Jesus selbst gibt die entscheidende Erklärung durch den Verweis auf das 4. Gottesknechtslied. Vom Knecht Gottes, den er erwählt und gesandt hat, um das Heil zu verkünden, heißt es bei Jesaja: „Darum will ich ihm die Vielen als Anteil geben, und die Mächtigen fallen ihm als Beute zu, dafür, daß er sein Leben in den Tod dahingegeben hat und unter die Übeltäter gezählt war, während er doch die Schuld der Vielen trug und für die Sünder eintrat" (Jes 53,12).

In einer völlig einmaligen Weise wird hier im Alten Testament vom sühnenden Tod des Gottesknechtes für die Vielen gesprochen. Sühne meint im Alten Testament nicht ein Opfer, mit dem der zürnende Gott beschwichtigt werden muß. Sühne ist vielmehr ein von Gott selbst gewährtes lösendes und erlösendes Geschehen. Wo der Mensch durch eine bestimmte Untat – es werden im Alten Testament ganz bestimmte Fehltritte angegeben – sein eigenes Leben verwirkt hat, da kann nach göttlichem Heilsratschluß ein Tier dargebracht werden. Der Mensch erhält damit einen neuen Anfang geschenkt. Es wird ihm ein neuer Lebensraum gewährt. Dieses uralte Institut der Sühne wird im 4. Gottesknechtslied auf die Sünden und Vergehen der Vielen, das bedeutet aller, ausgeweitet. Nicht ein Tier wird symbolisch dargebracht, so daß dem Volk Leben vor und mit Gott erneut möglich ist. Vielmehr nimmt der Gottesknecht selbst die Sünden und Vergehen der Vielen auf sich.

Und der Herr belohnt ihm dies, indem er ihm die Vielen „als Beute" zufallen läßt und ihnen so Leben vermittelt.

Die Worte dieses Liedes, das Israel empfangen und aufbewahrt hat, verkündet Jesus in der Stunde des Abendmahles als sich real erfüllende. Im Abendmahlswort, wie es bei Paulus überliefert ist, taucht die „für"-Formel im Bezug auf die Brotgabe auf: „Dies ist mein Leib für euch" (1 Kor 11,24). Diese Anspielung auf das 4. Gottesknechtslied findet sich ebenso im Becherwort, wie es Markus überliefert: „Dies ist mein Blut, des Bundes, das *für die Vielen* ausgegossen ist" (Mk 14,24).

Was proklamiert Jesus damit in dieser Stunde der Ablehnung durch die Repräsentanten seines Volkes? Jesus hat den Vater verkündet, der den Menschen in bedingungsloser Weise vergeben hat. Er hat selbst aus dieser Zukunft heraus gelebt. In der Stunde seiner Passion aber vollzieht er diese vorbehaltlose Zukunft Gottes seinerseits bis ins Äußerste und Letzte hinein. Die vergebende Zukunft Gottes nimmt in seiner Passion Gestalt an: Der stellvertretende Sühnetod, die Übernahme jenes selbstverschuldeten Gerichtes, das Israel und die Heiden sich zugezogen haben, bedeutet ja die restlose Identifikation mit diesen Menschen. Sie ist die nicht zu überbietende Inkarnation der Vergebungsbereitschaft Gottes. Damit aber ist nun zugleich auch diese Zukunft Gottes bleibend und trotz aller Ablehnung eingeräumt. Sie ist der Geschichte der Menschen unaufhebbar eingestiftet.

Die Auferweckung Jesu Christi – von diesem Erstehen des Gottesknechtes zum Leben ist bereits im 4. Gottesknechtslied (Jes 53,10–12) die Rede – ist das göttliche Siegel unter dieses Geschehen. Die Glaubensbekenntnisse der nachösterlichen Kirche, und zwar die allerältesten Formeln sprechen bereits von diesem Zusammenhang. Paulus überliefert 1 Kor 15,3 die Bekenntnisformel: „Christus ist für unsere Sünden gestorben gemäß der Schrift, er ist begraben und am dritten Tag auferweckt worden gemäß der Schrift, er ist dem Kephas erschienen, hernach den Zwölfen." Die Auferweckung Jesu Christi bestätigt, daß die Selbstpreisgabe in den Tod um der Vielen willen aus der Leben gewährenden Zukunft Gottes heraus geschah: Der Gekreuzigte lebt! Damit bestätigt der Vater, daß der Sohn den Sündern diese Zukunft bleibend eröffnet hat: „Wäre aber Christus nicht auferweckt, so wäre unser

Glaube nichtig, und ihr wärt noch in euren Sünden. Dann wären auch die in Christus Entschlafenen verloren ..." (1 Kor 15,17). Ganz ähnlich bezeichnet Paulus Röm 3,25 Jesus Christus als Sühneort, d. h. als jene Platte über der Bundeslade, die den Ort der Erscheinung Gottes bezeichnete und zugleich die Stelle war, wo das Sühnopferblut beim Versöhnungsfest dargebracht wurde. Jesus Christus ist in seinem Tod dieser Ort: der Ort, wo der die Sünden verzeihende Vater präsent ist.

Kreuz und Auferweckung sind jenes Geschehen, von woher sich die Aussagen der frühen Kirche über die einzigartige Sohnschaft Jesu Christi ergeben. Er ist der Mensch, der ganz und gar aus dem Vater selbst herstammt, weil er ganz und gar auf ihn hin lebt. Er gehört so unbedingt zu ihm, daß gerade durch sein Leben, seine Passion und seine Auferweckung Gottes eigenes Leben den Menschen als Lebensraum erschlossen ist.

Welche Konsequenzen ergeben sich aus dem Christusereignis für die Zukunft des Menschen? In welche Zukunft geht er hinein? Der Glaube der frühen Kirche formuliert in seinen Glaubenssätzen die den Menschen, seine Geschichte, seine Welt, umfassende Zukunft.

4. Ich glaube ... an die Auferstehung des Fleisches und das ewige Leben – Der endzeitliche Glaube der apostolischen Kirche

Die neutestamentlichen Schriften, die Evangelien ebenso wie die Briefe des Paulus oder die Apokalypse, bezeugen insgesamt den Glauben der frühesten Kirche an die Heilszukunft für den Menschen, die durch Jesu Christi Tod und Auferweckung eröffnet ist. Es dürfte selbstverständlich sein, daß die jungen Gemeinden ebenso wie die neutestamentlichen Schriftsteller gewisse Schwierigkeiten hatten, diese Botschaft in einer angemessenen Weise auszusagen und zu bezeugen. Sie greifen dazu ganz natürlich auf Reden, Vorstellungsmuster und Schemata zurück, die in der alttestamentlichen Überlieferung und im Frühjudentum bereitgestellt waren. Auf Grund der Neuheit der Aussagen müssen sie diese vorliegenden messianischen apokalyptischen bzw. präsentischen

Endaussagen der Weisheitsliteratur entsprechend umformen. So gibt es z. B. im Neuen Testament Texte, die sich relativ stark an vorliegende apokalyptische Sprach- und Vorstellungsweisen anschließen. Genannt seien hier beispielsweise das 13. Kapitel des Markusevangeliums oder die Aussagen im 19. und 20. Kapitel der Offenbarung des Johannes. Daneben stehen die Aussagen des Johannesevangeliums, die den frühjüdischen Weisheitslehren nahestehen und deren Überlegungen zur Endbestimmung des Menschen, der Geschichte und der Welt nutzen. Sachlich aber ergibt sich zwischen beiden Aussagereihen eine entscheidende Übereinstimmung in der Sache. Alle Texte des Neuen Testamentes bekennen Jesus Christus, den Gekreuzigten und Erhöhten, als jenen, in dem Gottes ureigenstes Leben den Menschen erschlossen ist. Die Gemeinschaft der Glaubenden versteht sich infolgedessen als Volk Gottes, in dem dieses neue Leben hier und jetzt bereits anfanghaft gegeben ist und das in diese Vollendung hineingehen wird. Neutestamentlicher Glaube ist ebenso davon geprägt, daß die Zukunft Gottes, welche in Jesus Christus aufgerichtet ist, am Ende für alle Menschen und vor aller Welt offenbar sein wird. Dies deswegen, weil es die von Gott den Menschen, der Welt und der Geschichte bereitete Wahrheit ist. Schließlich gehört es zum Glaubenszeugnis des Neuen Testamentes, daß dieses Offenbarwerden Jesu Christi und der in ihm eröffneten Zukunft die Form eines Gerichtes hat, und zwar eines endgültigen Gerichtes. Es gibt keine andere Zukunft des Menschen als jene Zukunft, die Gott selbst ist. Von daher nimmt dieses Offenbarwerden die Form einer Scheidung an: die Scheidung beruht auf der Verhaltensweise und freien Entscheidung der Menschen. Die Alternative, die sich hier auftut, lautet, ewiges Leben oder ewiger Tod, Auferstehung zu Gott oder unendliche Gottesferne. Gehen wir diese einzelnen Momente durch.

4.1 Die Kirche als endzeitliche Gemeinschaft

Die Kirche des Neuen Testamentes weiß sich als Gemeinschaft, die hier und jetzt bereits in der Zukunft Gottes lebt und so ihrer Vollendung entgegengeht. Am Ende des 8. Kapitels des Römerbriefes spricht Paulus von der Not und Drangsal, welche er und die Gläubigen erfahren. Gleichwohl erfüllt ihn eine unerschütterliche Hoffnung: „Aber all das durchstehen wir siegreich durch den, der uns geliebt hat. Ja, ich bin gewiß, weder Tod noch Leben, weder Engel noch Gewalten und Mächte, weder Gegenwärtiges und Kommendes, weder Hohes noch Tiefes, noch überhaupt etwas in der Welt wird uns zu trennen vermögen von der Liebe Gottes, die ist in Christus Jesus, unserem Herrn" (Röm 8, 37–39). Die Gemeinde der Glaubenden ist in keiner Weise dieser Weltzeit einfach entnommen. Sie steht mitten darin. Gleichwohl ist in ihr, in den Glaubenden die Zukunft Gottes bereits angebrochen. Sie leben in und mit Jesus Christus, haben an seinem Geist Anteil. Deswegen sind sie von einer unerschütterlichen Hoffnung beseelt. Die Glaubenden, die Gemeinden tragen hier und jetzt „das Sterben Jesu" an ihrem Leibe, „damit auch das Leben Jesu in unserem sterblichen Leibe erscheine" (vgl. 2 Kor 4, 10–12).

Fast noch stärker als Paulus betont das Johannesevangelium den Anbruch der endgültigen Vollendung im Glauben. Der Glaube an Jesus Christus ist der eigentliche und grundsätzliche Übergang vom Tod ins Leben. Die ewige Vollendung ist nur eine Ausfaltung dieses hier und jetzt bereits grundgelegten Lebens. Im Wechselgespräch zwischen Jesus Christus und Martha kommt dies in aller wünschenswerten Prägnanz zum Ausdruck: „Herr, wärest du hier gewesen, so wäre mein Bruder nicht gestorben. Aber auch jetzt weiß ich, Gott wird dir alles geben, was du von ihm erbittest ... Dein Bruder wird auferstehen ... Ich weiß, er wird auferstehen bei der Auferstehung am Jüngsten Tag ... Ich *bin* die Auferstehung und das Leben. Wer an mich glaubt, wird leben, auch wenn er gestorben ist. Und jeder der lebt und an mich glaubt, wird in Ewigkeit nicht sterben. Glaubst du dies? ... Ja, Herr, ich habe den Glauben, weil du der Messias, der Sohn Gottes, bist, der in die Welt kommen soll" (Joh 11, 21–27).

Treffend kommentiert Rudolf Schnackenburg diese johanneische Aussage der sich hier und jetzt bereits ereignenden Endbestimmung des Menschen: „In Jesus Christus ist die Fülle des Heils anwesend (1, 14.16), den Menschen endgültig und bleibend angeboten (vgl. 17, 3) und im Glauben erreichbar (20, 31). Darum vollzieht sich in der gegenwärtigen Entscheidung Heil oder Gericht und wird darin die ganze Zukunft ergriffen" (Rudolf Schnakkenburg, Das Johannesevangelium, Freiburg – Basel – Wien [3]1980, Bd. II, S. 543).

Mit dieser starken Betonung des Heiles, das bereits hier und jetzt zugeeignet ist, wird aber auch bei Johannes die kommende Vollendung nicht einfach negiert. So heißt es in den Abschiedsreden (Joh 14, 1–3): „... Im Hause meines Vaters sind viele Wohnungen. Wenn es nicht so wäre, hätte ich euch dann gesagt, ich gehe, euch eine Stätte zu bereiten? Wenn ich aber gegangen bin und euch eine Stätte bereitet habe, so komme ich wieder und werde euch zu mir heimholen, damit auch ihr seid, wo ich bin." Auch für Johannes vollendet sich die Zukunft Gottes, die im gläubigen Menschen bereits angebrochen ist, erst nach dem Tode.

Auf Grund dieser eigentümlichen Spannung von „Schon und Noch-nicht" des Glaubens charakterisiert das II. Vatikanum die Kirche völlig zu Recht als eine Gemeinschaft, die in sich einen endzeitlichen Charakter hat (vgl. Lumen gentium, 7. Kap.). Damit ist Kirche zugleich auch gekennzeichnet als jene Gemeinschaft, die in der Geschichte die endgültige Zukunft des Menschen in Gott bezeugt. Inmitten der mannigfachen menschlichen Gruppen und Gemeinschaften, die ihre Sicht vom Sinn menschlichen Lebens, von der inneren Zielbestimmung oder Fragwürdigkeit der Geschichte und des Weltlaufes vortragen, ist sie jene Gemeinschaft, die in Wort und Lebenspraxis die Wahrheit zu bezeugen hat, daß Gott selbst die Zukunft des Menschen ist. Sie kann dieses Zeugnis ablegen, weil sie von diesem Leben Gottes bereits ergriffen ist und sich zu Jesus Christus gehörig weiß. Das christliche Glaubenszeugnis von der Endbestimmung des Menschen ist somit nicht einfach eine Theorie. Es besteht nicht in dieser oder jener Vorstellung, die als verpflichtend zu übernehmen ist. Dieses Glaubenszeugnis erwächst vielmehr aus Kreuz und Auferweckung Jesu Christi und hat sein Fundament in der lebendigen Verbundenheit mit dem Herrn in der Kirche, der Gemeinschaft der Glaubenden.

4.2 Er wird wiederkommen ...

Das christliche Glaubenszeugnis bekennt von Anfang an, daß Jesus Christus wiederkommen wird, zu richten die Lebenden und die Toten. Genauso wie das „Schon" und „Noch-nicht" der Zukunft Gottes, die eschatologische Existenz der Kirche in den Schriften des Neuen Testamentes bezeugt ist, so der Glaube daran, daß der gekreuzigte und auferweckte Herr wiederkommen wird.

Bei den synoptischen Evangelien findet sich in der Passionsgeschichte die entscheidende Anfrage des Hohenpriesters an Jesus: „Bist du der Messias, der Sohn des Hochgelobten?" (Mk 14,61). Die Antwort Jesu lautet nach Markus: „Ich bin es. Ihr werdet den Menschensohn zur Rechten der Kraft sitzen sehen und kommend mit den Wolken des Himmels." Die Erwartung dieser Wiederkunft Jesu Christi, in der die Wahrheit seines Zeugnisses, die Wahrheit des Glaubens vor den Augen aller Menschen offenbar werden wird, beflügelte nicht nur die ersten Generation der Christen, die zum Teil auf eine unmittelbar bevorstehende Parusie hoffte. Das Setzen auf diese Wiederkunft des Herrn gehört vielmehr zu den wesentlichen Momenten des Glaubensbekenntnisses in allen Ausprägungen des neutestamentlichen Schrifttums, auch der nachapostolischen Zeit. Paulus etwa spricht im 1 Thess 4,13–5,11 von der Wiederkunft des Herrn. Die relativ späten Pastoralbriefe, sie gehören zur spätesten Schicht des Neuen Testamentes, bezeugen die Wiederkunft des Herrn unter dem Stichwort Epiphanie, Erscheinung (vgl. 1 Tim 6,14; 2 Tim 4,1; Tit 2,13). Im Bezug auf das Johannesevangelium wäre zu verweisen auf Texte wie Joh 5,28 f: „Wundert euch nicht darüber, denn es kommt die Stunde, in der alle, die in den Gräbern ruhen, seine Stimme hören und hervorgehen werden: die Gutes getan zur Auferstehung für das Leben, die aber Schlechtes getrieben zur Auferstehung für das Gericht." Ähnlich das oben bereits zitierte Wort von der Bereitung der Wohnstätte für die Jünger durch den scheidenden Herrn (14,1–3).

Der Grund für diese Hoffnung und Erwartung liegt darin, daß in Jesus Christus die Wahrheit Gottes und die Wahrheit des Menschen aufgedeckt ist. So ist Jesus Christus das Maß menschlichen Lebens, das Maß der Geschichte. Gerade die großen christologischen Aussagen des Johannesevangeliums bringen diesen Sachverhalt unmißverständlich zur Sprache: Jesus Christus ist das Wort des Vaters, die Wahrheit, das Licht. Die Wahrheit und das Licht aber werden offenbar werden.

Jesus selbst hat es bereits abgelehnt, Zeit und Stunde dieses Geschehens zu bestimmen (vgl. Mt 24,36). Sowohl die Gleichnisse Jesu wie die späteren Ausführungen der neutestamentlichen Schriftsteller lassen erkennen, daß es hier nicht um eine einfachhin zeitlich bestimmbare Zukunft geht. Vielmehr umfängt ja die Zukunft Gottes alle binnengeschichtliche Zukünftigkeit und ist so dem Menschen das unendlich nahegekommene Heilshandeln.

Überblickt man die zahlreichen neutestamentlichen Aussagen über die Wiederkunft des Herrn und sein endgültiges Offenbarwerden, so stellt man fest, daß diesen Texten zumeist apokalyptische Vorstellungen und Sprachmuster zu Grunde liegen. Aber während in solchen Texten, wie etwa Dan 7,9–14, der Menschensohn von Gott her kommt und als der Herr des kommenden Äons vom Himmel eingeführt wird, wird das Offenbarwerden Jesu Christi vor aller Welt in den neutestamentlichen Schriften als Wiederkunft des Herrn bezeichnet. Damit hat die apokalyptische Zukunftshoffnung Israels eine entscheidende Umprägung erfahren. Jene, in dem Gottes Herrschaft und Reich hier und jetzt bereits angebrochen ist, er, der der Herr der Kirche ist, die bereits an diesem Leben Anteil hat, er ist der Wiederkommende. Man sieht gerade aus solchen Umprägungen wie die christliche Erwartung sich entscheidend von den alttestamentlichen Zukunftsgestalten unterscheidet.

4.3 ... zu richten die Lebenden und die Toten

Das Offenbarwerden Jesu Christi, seine Wiederkunft ist Gericht. Dieses Gericht Gottes, welches durch Jesus Christus vollzogen wird, ist zugleich Selbstgericht des Menschen.

Es wurde oben (vgl. Abschnitt 3) bereits aufgewiesen, wie die Botschaft Jesu den Menschen in eine unumgängliche Entscheidung stellt. Jesus hat die Bedeutungsschwere dieser Entscheidungen in seinen Gerichtsworten und Gleichnissen unmißverständlich dargetan. Wenn die nachösterlichen Gemeinden die Gleichnisse und Gerichtsreden Jesu auf ihn als den Wiederkommenden, aller Welt Offenbarwerdenden beziehen, so bekennen sie damit lediglich, daß in Jesus Christus das Reich Gottes wahrhaft angebrochen ist. Die Auslegung der Gerichtsreden und Gleichnisse Jesu auf dieses endgültige Gericht über die Menschen ist infolgedessen keine Verfälschung der Botschaft Jesu. Es ist Auslegung seiner Botschaft von Kreuz und Auferstehung her.

In der großen Gerichtsrede Mt 25 wird Jesus als der kommende Menschensohn verkündet, der zugleich Richter, König und Hirte ist. Die alttestamentliche Messiasweissagung ist hier verbunden mit der apokalyptischen Menschensohnaussage. Beide Funktionen treffen sich im wiederkommenden Herrn. Er hält Gericht nicht nur über Israel, sondern: „Alle Völker werden vor ihm versammelt werden" (Mt 25,32). Das Maß seines Richtens sind die Taten der Liebe. Diese selbst aber besitzen einen unbedingten Charakter, weil der Menschensohn selbst, der Richter, auf Grund seiner vollendeten Solidarität und Identifikation mit allen Menschen vom Tun der Liebe bzw. ihrer Verweigerung unmittelbar betroffen ist. „Was immer ihr einem dieser Geringsten getan habt, das habt ihr mir getan" (Mt 25,40). So wird das Maß des Richtens nicht einfach aus einer Werkgerechtigkeit genommen, vielmehr bildet die Hingabe Jesu Christi, sein Vollzug göttlicher unbedingter Vergebungsbereitschaft das Maß, an dem die Menschen gemessen werden. Damit ist dieses Gericht aber ein Gericht der Gnade. Seine Basis ist die grenzenlose Zuwendung Gottes und seines Knechtes zu den Menschen. Es ist ein Gericht der Barmherzigkeit, weil die Barmherzigkeit Gottes und seines Christus die Menschen zuvor erreicht hat und sie zu einem „nachträglichen" Einstimmen und Zustimmen zu dieser Barmherzigkeit ermächtigt. Der Lohn und Segen dieses Gerichtes – das ewige Leben – ist und bleibt damit freies Geschenk (vgl. das Gleichnis Mt 20,1–16). Es ist aber zugleich ein Gericht, in welchem die gegen Gottes Barmherzigkeit sich behauptende Unbarmherzigkeit der Menschen gerichtet wird. „Wahrlich, ich sage euch, was immer ihr einem dieser Geringsten nicht getan habt, das habt ihr auch mir nicht getan. Und sie werden hingehen, diese in ewige Pein, die Gerechten aber in das ewige Leben" (Mt 25,45f).

Weil das Gericht sich an diesem Maßstab orientiert, ist es in Wahrheit Gottes Gericht, das er durch Jesus Christus vollzieht. Was in Jesus Christus, seinem Wirken, seiner Passion und seiner Auferstehung Gestalt annimmt und offenbar wird, ist nichts anderes als die unbedingte, sich selbst aufs Spiel setzende Zuwendung Gottes zu den Menschen.

Es wird auch verständlich, warum sich im Johannesevangelium eine Reihe von Texten finden, in denen davon gesprochen wird, daß Jesus Christus nicht gesandt ist, die Welt zu richten. Die Menschen, die seine Wahrheit nicht annehmen, haben sich vielmehr selbst gerichtet. Es geht in diesem Gericht ja nicht um die Anwendung einer äußerlichen Gesetzesvorschrift, vielmehr ist der Sohn gesandt, damit die Menschen das Leben haben und es in Fülle haben (vgl. Joh 10,10). Das Urteil über die Zurückgewiesenen ist nichts anderes als das Offenbarwerden ihrer radikalen Verweigerung gegenüber Gott als der Zukunft, dem Lebensraum der Menschen. So stehen Lohn und Strafe in diesem Gericht nicht gleichrangig nebeneinander.

Die Botschaft der Evangelien vom Richter aller Völker, die im Johannesevangelium in einer tiefsinnigen Weise reflektiert und ausgelegt wird, findet sich ebenso in den Paulinischen Schriften. 2 Kor 5,10 schreibt Paulus: „Denn wir müssen alle offenbar werden vor dem Richterstuhl Christi, damit ein jeder den Sohn empfange für das, was er ihm Leid getan hat, sei es gut, sei es böse." Das Gericht aber bezieht sich auf das Lebenswerk eines jeden (vgl. 1 Kor 3,12–15). Dieses Lebenswerk erwächst nach Paulus gerade aus der Huld Gottes, der der Mensch sich öffnet. So handelt es sich auch nach Paulus um ein Gericht der Gnade, in welchem die Wahrheit Jesu Christi offenbar werden und der Mensch der aus seiner eigenen Entscheidung hervorgehenden Wahrheit überführt wird.

Katechese und Glaubensverkündigung haben später das ewige Leben mit Gott oftmals einfach mit dem Stichwort „Himmel" bezeichnet, die endgültige Verweigerung der Gemeinschaft mit Gott mit dem Stichwort „Hölle". Beide Wörter sind in gewisser Weise zweideutig. Sie lassen den Eindruck entstehen, als ginge es in erster Linie um die Bestimmung jenseitiger „Aufenthaltsräume". Die Aussagen des Neuen Testamentes setzen einen anderen Akzent.

Die Seligkeit des Menschen besteht in der vollendeten Gemeinschaft mit Gott. Dies kommt in den unterschiedlichsten Formeln und Bildern zum Ausdruck. Der Richter und König sagt denen auf seiner Rechten: „Kommt, ihr Gesegneten meines Vaters, und nehmt das Reich in Besitz, das euch seit Grundlegung der Welt bereitet ist" (Mt 25,34). Das Bild vom himmlischen Hochzeitsmahl unterstreicht, daß es um die lebendige, personale Gemeinschaft mit Gott selbst geht. Das Wort 1 Joh 3,2 bekräftigt diesen selben Sachverhalt in anderer Form: „Geliebte, jetzt schon sind wir Kinder Gottes. Und noch ist nicht offenbar geworden, was wir sein werden. Wir wissen, daß wir, wenn es sich offenbart, ihm ähnlich sein werden, weil wir ihn schauen werden, so wie er ist." Die Vollendung besteht darin, daß Gott sich selbst hüllenlos, offen, unmittelbar von Angesicht zu Angesicht den Menschen zu erkennen gibt. In solcher innigsten Erkenntnis aber wird der Mensch – hingerissen durch das Licht, die Liebe und die Herrlichkeit Gottes – seinem Gott ähnlich: Verklärt, weil von seinem Lichte und seiner Güte erfüllt, mit seiner Herrlichkeit umkleidet.

Das Urteil im Gericht meint nicht primär die Verbannung an einen „finsteren" Ort der „Unterwelt", es meint vielmehr die Aufdeckung der Tatsache, daß ein Mensch sich der Gemeinschaft mit Gott definitiv verweigert hat. Hölle ist Verweigerung des Menschen gegenüber der Selbstgabe Gottes und damit Verschließung gegenüber allem erfüllten Miteinandersein der Geschöpfe. Es gibt im Neuen Testament nirgendwo einen Satz, der den Christen anzunehmen verpflichtete, dieser oder jener Mensch oder irgendwelche Menschen überhaupt seien tatsächlich diesem Gericht verfallen. Alle neutestamentlichen Aussagen sprechen aus der Sicht des Glaubens und der Hoffnung heraus von dieser letzten Alternative, die sich unausweichlich vor dem Menschen auftut. Es sind keine Berichte oder Informationen über das bereits geschehene, abgeschlossene Gericht. Die Worte stellen den Menschen so in die ganze Bedeutungsschwere der täglichen Entscheidungen. Sie lassen zugleich erkennen, daß „Himmel" und „Hölle" hier und jetzt bereits anbrechen, wenngleich in verdeckter Form. Es wäre eine Mißdeutung dieser Texte, lediglich von einer „pädagogischen", „erzieherischen" Funktion dieser Texte zu sprechen. Sie wollen nicht nur warnen. Sie stellen in die Entscheidung, die von dieser Alternative und keiner anderen geprägt ist. Die neutestamentlichen Gerichtsworte aber sind gerade in ihrer Unerbittlichkeit Worte der Huld und Gnade, weil sie immer auch und zwar primär von der Gabe göttlicher Zuwendung und Barmherzigkeit sprechen, die jedem, solange er auf dem Weg ist, unendlich nahe sind.

Die Rede von der definitiven Alternative bedarf einer Ergänzung. Angesichts des Parteienwesens in Korinth und der Auseinandersetzung mit seinen Gegnern kommt Paulus im 1. Korintherbrief auf sein Lebenswerk, den Dienst in der Auferbauung der Gemeinden, aber auch auf das Wirken seiner Gegner zu sprechen. Alle diese Werke, ihre und seine eigenen, werden am Tag des Gerichtes offenbar werden und dann ihren Charakter erweisen. Zwar baut er ebenso wie seine Gegner auf Jesus Christus. „Wenn aber jemand auf dem Grund Gold, Silber, kostbare Steine, Holz, Heu, Stroh aufbaut – eines jeden Werk wird offenbar werden, denn der Gerichtstag wird es enthüllen, weil er mit Feuer offenbart wird. Und das Feuer wird erproben, wie eines jeden Werk beschaffen ist. Wird jemandes Werk, das er aufgebaut hat, bleiben, so wird er Lohn empfangen. Wird jemandes Werk verbrennen, so wird er bestraft werden, er selbst aber wird gerettet werden, freilich so wie durchs Feuer" (1 Kor 3, 12–15). Paulus hat das Wirken von Menschen vor Augen, die zwar grundsätzlich glauben und ihr Leben auf das Reich Gottes gesetzt haben. Ihr Lebenswerk aber kann geprägt sein von mannigfachen Unlauterkeiten, von Verstrickungen und ein gewisses Verfallensein an ein Leben „nach dem Fleisch". In der Begegnung mit dem Herrn zum Gericht wird dieses dem Menschen noch anhaftende „weltliche Wesen" gleichsam weggebrannt. Es kann in der eifernden Liebe des Herrn nicht bestehen. Hier liegt der Ansatzpunkt für die im Mittelalter entfaltete Lehre von der Läuterung des Menschen im Tod. Das mittelalterliche vorstellende Denken hat die paulinischen Aussagen in die Form der Lehre vom Purgatorium, dem „Reinigungsort" bzw. „Reinigungszustand" gefaßt. Genauso wie es im Bezug auf „Himmel" und „Hölle" nicht um „Aufenthaltsräume" geht, so auch im Bezug auf die Läuterung nicht. Sie ist primär als Weise der Begegnung, als Form der Gemeinschaft des wiederkommenden Herrn mit den noch nicht restlos geläuterten Menschen zu verstehen. Kann das „weltlich-sündhafte" Wesen, das dem an sich für Gott entschiedenen Menschen noch anhaftet, vor der grenzenlosen Liebe Gottes und Jesu Christi nicht bestehen, so ist dieser Mensch zugleich – in dieser offenen Begegnung – in eine unendliche Distanz, in eine Zerreißung mit seinem früheren Wandel geführt. Er erleidet in der liebenden Begegnung die heilsame, wenngleich schmerzhafte Läuterung von seiner eigenen Geschichte, soweit sie Geschichte der Finsternis, nicht des Lichtes war.

4.4 *Auferstehung, persönliches und universales Gericht*

Christlicher Glaube bekennt das ewige Heil als ein den Menschen ganz und gar einbeziehendes Heil. Ihm, dem leibhaftigen Menschen, der sich in der Geschichte in mannigfachen Werken zu vollbringen hat, gilt die Verheißung. So wie Jesus Christus, der Gekreuzigte als der Auferweckte bekannt wird, so gilt die Hoffnung der Auferweckung allen Menschen. Immer wieder wird im Neuen Testament die Verknüpfung der Auferweckung Jesu Christi und der Hoffnung für alle Menschen thematisiert. So schreibt Paulus 1 Kor 15,12f: „Wenn aber von Christus verkündet wird, daß er von den Toten auferweckt wurde, wie können dann etliche unter euch behaupten: eine Auferstehung der Toten gibt es nicht? Wenn es keine Auferstehung der Toten gibt, so ist auch Christus nicht auferweckt worden." In Analogie dazu wird Christus im Kolosserbrief der „Erstgeborene aus den Toten" genannt (Kol 1,18).

Auf die Frage nach dem „Wie" der Auferstehung antwortet Paulus mit einer scharfen Negation. Auferstehung des Menschen ist für ihn nicht vorstellbar, weil sie den Menschen ja wesentlich aus den gewohnten irdischen Zeit- und Lebensverhältnissen heraus und in eine unausdenkliche Vollendung führt: die Gemeinschaft mit Gott, die Teilnahme an seinem unvergänglichen Leben. „Du Tor! Was du säest, wird nicht lebendig, wenn es nicht zuvor gestorben ist" (1 Kor 15,36). Positiv charakterisiert Paulus den auferweckten leibhaftigen Menschen durch jene Prädiakte, die göttlichem Leben zukommen: „Gesät wird in Verweslichkeit, auferweckt in Unverweslichkeit. Gesät wird in Unansehnlichkeit, auferweckt in Herrlichkeit; gesät wird in Schwachheit, auferweckt in Kraft. Gesät ein sinnenhafter Leib, auferweckt ein geistlicher Leib" (1 Kor 15,42–44).

Es ist sehr bezeichnend, daß Paulus – wie das übrige Neue Testament – angesichts von schwierigen Nachfragen keineswegs ausweicht und etwa die Auferstehung des Leibes als bildliche Rede bezeichnet oder mit der Unsterblichkeit der Seele gleichsetzt. Beides wäre Griechen und Römern jener Zeit sehr leicht eingegangen. Die Vollendung des Menschen ist für den neutestamentlichen Glauben die vollendete Gemeinschaft Gottes mit dem zum Leben erstehenden, leibhaftig-geschichtlichen Menschen.

Die theologische Reflexion auf diesen Glaubenssatz hat im Mittelalter zu einer isolierenden Betrachtung zweier in der Schrift nicht getrennter, wohl aber eigens angeführter Momente geführt. Man unterscheidet im Mittelalter strikt zwischen dem persönlichen Gericht, das einen jeden Menschen im Tod erwartet. Dieses Gericht, die Begegnung mit dem lebendigen Gott, führt ihn entweder ins ewige Leben oder in die Verwerfung durch Gott. Der Tod wurde in diesem Zusammenhang als Trennung von Leib und Seele bestimmt. Die Seele gilt den mittelalterlichen Theologen als das Prinzip der Identität des Menschen. Sie geht infolgedessen unmittelbar nach dem Gericht ins ewige Leben ein bzw. in die ewige Verdammung. Von diesem individuellen Gericht wurde das universale Gericht mit der Auferstehung der Toten unterschieden. Zu den Charakteristiken des universalen Gerichtes am Ende der Tage wurde die Aufdeckung der Gerechtigkeit und der Sünde eines jeden für alle gezählt, die Wiedervereinigung der Seelen mit einem entsprechenden Leib und die damit gegebene leibhaftige Beseligung der Geretteten bzw. die leibhaftige Verdammung der Sünder. Zugrunde liegt dieser säuberlichen Trennung von individuellem und allgemeinem Gericht eine der mittelalterlichen Theologie wie jedem vorstellungsmäßigen Reflexionsdenken geläufige, abstrakte Entgegensetzung von Zeit und Ewigkeit. Diese Sicht teilten auch die Reformatoren, weshalb auch sie individuelles und allgemeines Gericht auseinanderhielten und die Auferstehung des Leibes in das universale Gericht verlegten. Der Grund dafür: wird Zeit als eine einheitliche, alle Ereignisse übergreifende und einbeziehende lineare Bewegung verstanden, so ist erst mit Ablauf der Zeit jener „Zeitpunkt" gekommen, an dem die Auferstehung der Leiber erfolgen kann. Die materiale Welt bildet ja eine Einheit zeitlicher Art in dieser Bewegung.

Die neutestamentlichen Texte kennen diese säuberliche Trennung des persönlichen und universalen Gerichtes nicht. Zwar wird vom Gericht über den Einzelnen wie vom Gericht über alle gesprochen. Beide Aspekte werden aber in einem Zusammenhang gesehen. Dies ist für das Neue Testament deswegen problemlos möglich, weil sein Glaubenszeugnis nicht in derselben Weise rational durchreflektiert und artikuliert ist, wie dies für die mittelalterliche Theologie gilt. Für das heutige Glaubensverständnis ergibt sich die Möglichkeit, diese beiden Momente wiederum zusammen zu denken. Dazu haben nicht nur die neuzeitlichen physikalischen Reflexionen auf die Relativität der Zeiten und die korrespondierenden philosophischen Überlegungen beigetragen. Angeregt durch diese Reflexionen hat auch die Theologie das Zueinander und Ineinander von Gottes Zukunft und Weltzeit tiefer bedacht. Die neuzeitliche Physik hat den Gedanken des gradlinigen, universalen „Zeitstrahls" aufgegeben und bestimmt zeitliche Distanzen immer durch Bezüge innerhalb gegebener komplexer Ganzheiten oder Systeme, die untereinander wiederum in anderen zeitlichen Bezügen stehen. Zeit zerlegt sich so wesentlich in Zeiten und bezeichnet die eigentümliche Form der Endlichkeit, des Werdens, welches immer nur im Bezug auf gegebene Konstellationen bestimmbar wird. Die philosophische Reflexion auf die Zeit hat das frühere Verständnis der Zeit als des umfassenden, einen Koordinatensystems aller Ereignisse, ebenfalls aufgegeben und bestimmt die Zeit als die Weise, in der menschliches Dasein in seiner Welt jeweils gegeben ist. Die Theologie hat in jüngster Zeit den vom Mittelalter überlieferten Zeitbegriff ebenfalls revidiert. Insofern die Zukunft Gottes in Jesus Christus angebrochen ist und die Kirche hier und jetzt bereits bestimmt, sind Vergangenheit, Gegenwart und Zukunft im chronologisch-weltzeitlichen Sinn als endlich charakterisiert. Die Zeit des Menschen – im Sinne der Zeit dieser Welt – ist im Ganzen bereits von der Zukunft Gottes in den Schatten des Vergänglichen, ja der Vergangenheit gerückt. Es ist jene Zeit, deren Ende angebrochen ist. Ihr Koordinatensystem ist von der Zukunft Gottes bereits überholt. Diese Zukunft Gottes ist der eigentliche Lebensraum. Dies aber bedeutet, daß der Einzelne in diese Zukunft Gottes hineinstirbt. Die Bestimmung der Stunde seines Todes aber ist eine Bestimmung im Rahmen weltzeitlicher Bezüge und nur in dieser Hinsicht relevant. In Wahrheit und Eigentlichkeit ist die Stunde des Todes der Eingang in diese Zukunft Gottes. Darin hat der Tod eines jeden seine wahre Bestimmung. Von daher ergibt sich die Möglichkeit, individuelles und allgemeines Gericht als *ein* Geschehen zu fassen. Dabei gilt selbstverständlich, daß – entsprechend den paulinischen Ausführungen über die Nichtvorstellbarkeit der Auferstehung – die Zukunft Gottes als der neue Lebensraum des Menschen nicht vorstellbar, nicht kommensurabel mit der Weltzeit gedacht werden kann. Die Aussagen Jesu über die hereindrängende Nähe des Reiches Gottes, die Erwartung und feste Zuversicht der frühen Christenheit gewinnen so ein neues Gewicht.

4.5 Ein neuer Himmel und eine neue Erde

Es ist keine Frage, daß die Aussagen des Neuen Testamentes das Weltbild der damaligen Zeit widerspiegeln. Dieses Weltbild repräsentiert nicht mehr die Weltsicht des heutigen Menschen. Sind deswegen die Aussagen des Neuen Testamentes über die „Schöpfung, die in Wehen liegt" (Röm 8,22) und auf die Heiligkeit der Kinder Gottes wartet, irrelevant? Sind die apokalyptisch eingefärbten Aussagen über das Ende dieser Weltzeit, den Zusammenbruch des Kosmos, unwesentliche Beiwerke der eigentlichen Glaubensaussagen? Hat das Wort bei Markus 13,24–26 seine sagende Kraft für den heutigen Menschen verloren? „Aber in jenen Tagen, nach jener Drangsal wird sich die Sonne verfinstern, der Mond wird seinen Schein nicht mehr geben und die Sterne werden vom Himmel fallen und die Kräfte des Himmels werden erschüttert werden. Und dann wird man den Menschensohn in den Wolken des Himmels kommen sehen, mit großer Macht und Herrlichkeit." Was bedeutet die Aussage der Offenbarung des Johannes: „Und ich sah einen neuen Himmel und eine neue Erde; denn der erste Himmel und die erste Erde sind vergangen, auch das Meer ist nicht mehr. Und die Heilige Stadt, das neue Jerusalem, sah ich herabsteigen aus dem Himmel von Gott her, bereitet wie eine Braut, die für ihren Mann geschmückt wird" (21,1 f)? Liest man die neutestamentlichen Texte aufmerksam, so stellt man fest, daß es in keiner dieser Aussagen, die das Ende von Welt und Weltzeit betreffen, von der neuen Erde und dem neuen Himmel handeln, einfachhin um die „Beschreibung von Naturereignissen" geht. Das

Interesse der neutestamentlichen Schriftsteller ist nicht auf kosmologische Zusammenhänge gerichtet. Sie handeln vom Menschen und seiner Vollendung, allerdings nicht von einem weltlosen, von einem zeit- und geschichtslosen Menschen. Gerade die neuzeitliche philosophische Reflexion hat dem heutigen Menschen einen neuen Zugang zu diesen alten Texten gebahnt. Im Unterschied zur beobachtenden, feststellenden Naturwissenschaft, welche die kosmologischen Daten in ihrer Gegenständlichkeit fixiert, hat die Philosophie den neuzeitlichen Menschen die Welt als jenen Raum entdecken gelehrt, der der Lebensraum des Menschen ist. Sie hat ihm erschlossen, wie die Welt in ihm, in seinem Denken ans Licht tritt, Offenbarkeit und Da-Sein besitzt. Es wurde oben im ersten Abschnitt dieses Beitrages bereits daraufhingewiesen. Hinzu kommt die neue Bestimmung der Leibhaftigkeit des Menschen. Der Leib des Menschen ist ja nicht einfach gegenständliche Materialität. Er ist dies auch. Dies ist ein Aspekt von ihm. Aber der Leib des Menschen ist wesentlich mehr: der Mensch besitzt einen Leib, er ist aber zugleich auch Leib. Seine leibhaftige Existenz ist auf der einen Seite seine Vorgegebenheit, durch die er in diese Welt verflochten und verspannt, für sie geöffnet ist. Zugleich ist der Mensch in seiner Leibhaftigkeit jener, der sich zu allem zu verhalten vermag. Der Leib ist der Mensch in seinem unmittelbaren Dasein, der geschichtlich in Selbstbesitz genommen wird. Ist aber der Mensch in leibhaftiger Weise Offenheit, Eingelassenheit in das Ganze, dann gehört er mit der Welt, mit dem vielfältigen Anderen unlösbar zusammen. Es ist von daher verständlich, daß das christliche Bekenntnis zur Vollendung des Menschen in Gott zugleich eine generelle Aussage über die Vollendung nicht nur der Leibhaftigkeit des Menschen durch die Auferweckung, sondern auch die Einbeziehung jenes geschöpflichen Lebensraumes, jenes Miteinanderseins, das unlösbar zum Menschen hinzu gehört, einschließt. So wird die göttliche Vollendung des Menschen in der Offenbarung des Johannes geschildert im Bild des himmlischen Jerusalem, einer Stadt, in der die Menschen ihre vollendete Gemeinschaft mit Gott und miteinander leben. Es handelt sich um eine *Stadt,* nicht ein pures, gleichsam „nacktes" Miteinandersein von Menschen. Zugleich wird bei der Schilderung dieser Vision (vgl. Off 21,1 – 22,5) ein deutlicher

Hinweis darauf angebracht, daß auch hier jede Vorstellung fern zu halten ist. Das Licht, das dieser Stadt leuchtet, das Licht in dem alles gesehen wird, ist „weder Lampenlicht noch Sonnenlicht; denn Gott der Herr wird leuchten über ihnen, und sie werden herrschen von Ewigkeit zu Ewigkeit" (a.a.O. 22, 5).

4.6 „... *damit Gott alles in allem sei*"

Paulus beschließt seine Darstellung der Endereignisse (1 Kor 15, 28) mit dem Satz: „Ist aber einmal alles ihm unterworfen, dann wird auch der Sohn selber sich dem unterwerfen, der ihm alles unterworfen hat, damit Gott alles in allem sei." In diesem Satz wird zum einen eine christologische, zum anderen eine anthropologisch-eschatologische Feststellung getroffen.

Zum ersten Aspekt: Der Satz bekräftigt den Sinn des Christus-Geschehens, den Sinn von Offenbarung und Erlösung: in Jesus Christus ist die Zukunft Gottes für die Menschen und die Welt angebrochen. In ihm nimmt diese Zukunft Gestalt an, in ihm ist diese Zukunft für die fortlaufende Geschichte der Menschen eröffnet. Dieses Geschehen trägt aber seinen Sinn nicht in sich selbst. Es hat seinen Sinn darin, den Menschen durch Jesus Christus und in Jesus Christus in die Gottunmittelbarkeit zu führen. Gott ist der Sinn der Heilsökonomie.

Zu dieser Gottunmittelbarkeit gelangt der Mensch aufgrund der Erlösung, durch die Nachfolge Christi, durch das Zusammenwachsen mit ihm. So nimmt er teil an der innigsten Einheit und Beziehung des Sohnes zum Vater. So durchflutet und atmet in ihm der eine Geist, der vom Vater und vom Sohn ausgeht. Mit und in Jesus Christus, dem Sohn, empfängt sich der Mensch vom Vater her. Mit und im Sohn ist der Vater sein ein und alles. Und gerade so ist er von dem einen Geist erfüllt, der Vater und Sohn in Liebe zusammenbindet.

Mit dieser Bestimmung aber ist zugleich eine anthropologisch-eschatologische Bestimmung getroffen.

Hier eröffnet sich der zweite Aspekt: Die Abfolge der voraufgehenden Aussagen über die Kirche, die hier und jetzt bereits im Anbruch der endgültigen Zukunft Gottes lebt und somit eine eschatologische Gemeinschaft ist, die Aussagen über das Wiederkommen des Herrn und sein Gericht der Gnade, das Bekenntnis zur Auferstehung von den Toten, die Rede vom individuellen und universalen Gericht, dem neuen Himmel und der neuen Erde – alle diese Momente thematisieren die Vollendung des Menschen, seiner Welt und Geschichte, und zwar im Ausgang von der ein für allemal ereigneten Zukunft Gottes her. Sie artikulieren diese Vollendung aber im Blick auf die wesentlichen Züge menschlicher Existenz. Kirche als eschatologisches Subjekt, dies ist eine Bestimmung die sich zwar aus der Zukunft Gottes ergibt, aber auf den geschichtlichen Menschen blickt, der den Glauben ergreift. Auferstehung des Fleisches ist zwar eine Bestimmung der Vollendung des Menschen von der Zukunft Gottes her, aber sie schaut auf die Daseinsverfassung des Menschen, seine Leibhaftigkeit. Ein Gleiches wäre von den übrigen voraufgehenden Bestimmungen zu sagen. Der oben angeführte Satz des Paulus aber thematisiert die Vollendung des Menschen und der Schöpfung von der Zukunft Gottes her und zugleich im Blick auf Gott. Daß Gott alles in allem sei, dies ist der Sinn von Kirche, dies ist der Sinn der Wiederkunft Jesu Christi, des Gerichtes, der Auferstehung des Menschen. Es wird durch die voraufgehenden vielfältigen Aussagen sichergestellt, daß dieser Satz „damit Gott alles in allem sei" nicht mißverstanden werde. Es geht nicht darum, daß Gott den Menschen oder die Schöpfung in der Vollendung einfachhin absorbiert, überwältigt, ausschaltet, vielmehr ist – gerade durch die voraufgehenden Aussagen – Gott charakterisiert als jener, der sich in restloser Weise mitteilt, in dieser Mitteilung aber in seiner Schöpfung beim Menschen „ankommt", und zwar so, daß er das ein und alles, das beseligende Entzücken des Menschen ist. Das abgründige Geheimnis Gottes ist es, das den Menschen in alle Ewigkeit „außer sich" vor Jubel und anbetendem Preis sein läßt.

Mit dieser letzten Bestimmung der Vollendung des Menschen aber ist zugleich auch eine theologische Konsequenz verbunden. Es wurde in den voraufgehenden Schritten aufgewiesen, wie zur Vermittlung menschlicher Vollendung auch das Gericht gehört. Seligkeit und Verwerfung wurden als reale Möglichkeiten der für Gott bestimmten geschöpflichen Freiheit charakterisiert. Jeder Versuch theologischen Denkens, diese Spannung aufzulösen, beide Momente in eins zu denken, führt unweigerlich zu einer

Apokatastasis-Lehre, einer Lehre von der grundsätzlichen Allversöhnung aller Geschöpfe mit Gott unbeschadet ihrer Freiheitsentscheidung. Wenn die Kirche die Apokatastasis-Lehre verworfen hat, so im tiefsten deshalb, weil damit eine Stellung des Denkens eingenommen wird, durch die der Mensch gleichsam von „oben her", aus der Position Gottes, auf Seligkeit und Verwerfung schaut und mit diesem angemaßten Denken eine Synthesis konstruiert, die sein Gemächte ist. Der Satz des Paulus weist den Theologen vielmehr an, in seiner Position des Glaubens und Hoffens zu verbleiben, diese unauflösliche Spannung von Beseligung und möglicher Verwerfung stehenzulassen und in einer letzten Anheimgabe seines Denkens an Gott zu bekennen, daß am Ende Gott alles in allem sein wird, ohne daß das „Wie" dem Menschen zugänglich und aufklärbar wäre. Gläubiges Denken führt am Ende in die schweigende Anbetung des göttlichen Geheimnisses hinein.

5. Die Glaubwürdigkeit der christlichen Botschaft und der Glaubensvollzug der Kirche

Es wurde im ersten Abschnitt dieser Erörterungen von der Skepsis des modernen Menschen gegenüber der Botschaft des Christentums gesprochen. Im Ausgang von der Erfahrung, von Schuld und Tod, vom In-der-Welt-Sein des Menschen und seiner geschichtlichen Verflochtenheit wurde aufgewiesen, wie die Frage nach der letzten Bestimmung des Menschen eine unabschließbare, dem Menschen *wesentlich* aufgegebene Frage darstellt. Der Mensch ist diese Frage. Christlicher Glaube behauptet nicht, daß diese wesentliche Frage, die den Menschen in all seinem Tun und Lassen umtreibt, aus der Welt, aus der Geschichte, aus der eigenen Reflexion zu beantworten sei. Christlicher Glaube verweist vielmehr auf den ganz anderen, auf Gott, der sich von sich her erschließt und gerade so den Menschen eine Antwort gewährt, die er aus sich selbst nicht zu geben vermöchte. Dabei bekennt der christliche Glaube, daß diese Offenbarung Gottes in der alttestamentlichen Heilsökonomie anhebt. Der Weg des alttestamentlichen Bundesvolkes ist gekennzeichnet durch eine schrittweise Hinführung zu dem Geheimnis, Gott selbst als die Zukunft des Menschen zu glauben. Gott selbst steht im Mittelpunkt alttestamentlichen Glaubens. Aber es wird zunächst in der Lebenspraxis dieses Volkes die Fülle möglicher Zukunftsgestalten durchlaufen, die dem Menschen voraufleuchten können. Diese Zukunftsgestalten werden jeweils von Gott her gesehen und ergriffen, aus seiner Hand erhofft. Es zeigt sich aber zugleich, daß die Sequenz dieser Zukunftsgestalten: die Gaben des unmittelbaren Daseins, das Reich der Sittlichkeit und Freiheit des Messias, als solche brüchig und hinfällig werden, weil sie, konfrontiert mit der faktischen Sünde und Bosheit Israels und der Völker, zu Hoffnungslosigkeiten werden. In diesem Sinn offenbart sich in der Botschaft Jesu Christi vom Reich Gottes, in seinem Sterben und Auferstehen die letzte und eigentlichste Zukunftsmöglichkeit des Menschen. Es zeigt sich, wie der Glaube Israels in der Botschaft Jesu Christi, im Glauben der frühen Kirche gewahrt und zugleich in sein ureigenstes Ziel gelenkt wird: zu Gott selbst als der Zukunft des Menschen.

Es wurde im voraufgehenden Abschnitt aufgewiesen, wie die unterschiedlichen Aussagen, die sich im christlichen Glaubensverständnis bezüglich der Endbestimmung des Menschen finden, im Grunde lediglich Entfaltungen und Artikulationen dieser einen Wahrheit sind. Es geht nicht um ein buntes „Sammelsurium" religiöser Motive und Vorstellungen. Alle diese Aussagen bilden vielmehr einen inneren Zusammenhang, sie entfalten diese eine Sache des Glaubens in die verschiedenen wesentlichen Aussagerichtungen hinein.

Fragt der heutige skeptische Zeitgenosse nach der Glaubwürdigkeit dieser biblischen Botschaft, so wird man ihn auf diese innere Kohärenz der christlichen Botschaft hinweisen müssen. Dies bedeutet zum einen, die innere Einheit des alt- und neutestamentlichen Glaubens über die Jahrtausende hinweg, dies meint zum anderen die tiefe innerliche Entsprechung, welche zwischen dieser Glaubensbotschaft und der menschlichen Natur wie der geschichtlichen Erfahrung des Menschen waltet.

Im weiteren aber wird die Glaubwürdigkeit dieser Botschaft wesentlich von der Glaubenspraxis der Kirche, der Gemeinden, der einzelnen Gläubigen abhängen. Sie leben nach ihrem eigenen Selbstverständnis bereits hier und jetzt aus dieser Zukunft Gottes heraus. Die Kirche im Ganzen, die Gemeinden, wie die Einzelnen müssen sich deswegen als Gemeinschaften, als Menschen bewähren, die jeweils im Umgang mit der Welt, in der Meisterung der anstehenden Situationen aber auch dem Scheitern menschlicher Zukunftshoffnungen von diesem Licht der Zukunft Gottes Zeugnis abgeben. Ein solches Zeugnis hat immer einen doppelten Charakter. Zum einen enthüllt es die Relativität aller irdischen Zukunftsgestalten. Es deckt den ideologischen Charakter jener geschichtlichen Zukunftsvisionen auf, die absolut gesetzt werden, denen die Gemeinschaften und die Menschen bedingungslos untergeordnet und geopfert werden. Das christliche Glaubenszeugnis von der Zukunft Gottes ist ein „entmythologisierendes" Aufdecken, das die Brüchigkeit menschlicher Zukunftshoffnungen immer wieder ins Gedächtnis ruft. Auf der anderen Seite aber überläßt dieser Glaube den Menschen angesichts solcher Endlichkeit und Brüchigkeit nicht der Resignation. Er erfüllt ihn vielmehr mit der unerschöpflichen Kraft der Hoffnung auf Gott. Er befähigt die Menschen und die Völker damit, in der Vorläufigkeit dieser Geschichte, in der Bruchstückhaftigkeit menschlichen Wirkens, Abbilder des kommenden Reiches als Denkmäler kommender Erfüllung zu setzen.

LITERATURHINWEISE

Balthasar, H. U. von, Theodramatik, Band 4, Das Endspiel, Einsiedeln 1983.

Hünermann, P., Sterben, Tod und Auferstehung. Ein interdisziplinäres Gespräch, Düsseldorf 1984.

Merklein, H., Die Gottesherrschaft als Handlungsprinzip. Untersuchungen zur Ethik Jesu (Forschung zur Bibel 34), Würzburg ³1984.

Schütz, Ch., Allgemeine Grundlegung der Eschatologie; *H. Groß – K. H. Schelkle,* Grundzüge biblischer Eschatologie; *W. Breuning,* Systematische Entfaltung der eschatologischen Aussagen; sämtlich in: Mysterium Salutis. Grundriß heilsgeschichtlicher Dogmatik, Band 5, Zürich – Einsiedeln – Köln 1976, S. 553–890.

Vorgrimler, H., Hoffnung auf Vollendung. Aufriß der Eschatologie (Quaestio disputata 90), Freiburg – Basel – Wien 1980.

Wiederkehr, D., Perspektiven der Eschatologie, Zürich – Einsiedeln – Köln 1974.

II. Vatikanisches Konzil, Lumen gentium, Dogmatische Konstitution über die Kirche, Kap. 7: Der endzeitliche Charakter der pilgernden Kirche und ihre Einheit mit der himmlischen Kirche, Nr. 48–51 (Karl Rahner/Herbert Vorgrimler, Kleines Konzilskompendium, Herder-Bücherei 270, S. 180–186).